Christoph Schulz

# NACHHALTIG REISEN

## FÜR EINSTEIGER

Christoph Schulz

# NACHHALTIG REISEN

## FÜR EINSTEIGER

Umweltfreundlich Urlaub machen und die Welt entdecken

mvgverlag

**Bibliografische Information der Deutschen Nationalbibliothek**
Die Deutsche Nationalbibliothek verzeichnet diese Publikation in der Deutschen Nationalbibliografie. Detaillierte bibliografische Daten sind im Internet über http://d-nb.de abrufbar.

**Für Fragen und Anregungen**
info@mvg-verlag.de

MIX
Aus verantwortungsvollen Quellen
FSC® C106954
FSC
www.fsc.org

Klimaneutral
Druckprodukt
ClimatePartner.com/13415-2006-1005

Originalausgabe
1. Auflage 2020

Nymphenburger Straße 86
D-80636 München
Tel.: 089 651285-0
Fax: 089 652096



Redaktion: Silke Panten
Umschlaggestaltung: Manuela Amode
Umschlagabbildung: shutterstock.com/Molesko Studio, kengrx19, GoodStudio, saravector
Illustrationen Innenteil: shutterstock.com, Die Buchmacher - Atelier für Buchgestaltung, Köln
Layout: Ortrud Müller, Die Buchmacher - Atelier für Buchgestaltung, Köln
Satz: Ortrud Müller, Die Buchmacher - Atelier für Buchgestaltung, Köln
Druck und Bindung: COULEURS Print & More GmbH, Köln
Printed in EU

ISBN Print 978-3-7474-0199-6
ISBN E-Book (PDF) 978-3-96121-559-1
ISBN E-Book (EPUB, Mobi) 978-3-96121-558-4

# INHALT

»Nimm nur
Erinnerungen mit,
hinterlasse nichts
außer Fußspuren.«

CHIEF SEATTLE

# VORWORT

Ich zücke meine Kreditkarte und schiebe sie mit Stolz und Vorfreude über den Tisch der Rezeption. Ein paar Stunden später und 70 Euro ärmer finde ich mich wie in einem Albtraum schnorchelnd in einer Horde kreischender, wild gewordener Touristen im karibischen Meer wieder, die mit ihren Füßen auch noch die letzten Korallen zertrampeln und ausgerechnet dort nach etwas Lebendigem suchen, wo unsere Gier nach Erlebnissen und Profit längst jegliches Leben zerstört hatte. Es gibt keine schutzbietenden Korallen mehr und ich kann nur vereinzelt ein paar verwirrte Fische ausmachen. Unmittelbar frage ich mich: Wofür dann eigentlich die Unterwasserkameras und das ganze Gekreische? Nachdem sich alle Verrückten – inklusive mir – wieder zurück ins Boot gewuchtet haben, geht es an den Strand, wo die Unterhaltungsmaschinerie ununterbrochen weiterlaufen soll. Unser Guide entdeckt schlüpfende Baby-Schildkröten, die sich gerade ins Meer kämpfen. Doch die Touristenhorde denkt gar nicht daran, der Natur ihren freien Lauf zu lassen. Die Schildkröten werden hin- und hergetragen, fotografiert, umgedreht und wieder zum Startpunkt gesetzt. Hunderte Instagram-Bilder der Schaulustigen später sind die meisten Tierchen viel zu schwach, um noch die rettenden Wellen zu erreichen. Sie verenden auf dem heißen Strandsand in der brütenden Sonne. Neben meiner erheben sich nur vereinzelt ein paar Stimmen – doch wir bleiben ungehört. Mir laufen die Tränen vor Scham und Machtlosigkeit – auch bei dem Gedanken daran, dass so etwas täglich überall auf der Welt passiert. In diesem Moment wird mir etwas klar: Ist das tatsächlich noch Tourismus, der mir selbst gefällt? Oder bereitet er ausschließlich ein paar verlorenen Seelen und den Tourismus-Giganten Freude, die mir auf dem Werbeprospekt »das Eintauchen in eine farbenfrohe Unterwasserwelt« versprochen hatten? Sind wir Menschen wirklich nicht in der Lage, nur einen Fußabdruck im Sandstrand zu hinterlassen, so wie es uns die Schildkröten vormachen? Eine Frage reiht sich in meinem Kopf an die nächste. Über die Antworten muss ich nicht lange nachdenken: Das ist nicht die Art von einzigartigen Erlebnissen, von denen ich meinen Freunden nach einer Reise berichten möchte. Es kann keine schöne Geschichte, keine heitere Urlaubsanekdote sein, wenn ich dabei Teil der Umweltzerstörung war.

Die grundlegende Frage lautet also: Warum reise ich überhaupt? Ich reise, weil ich einzigartige Dinge erleben, Menschen und Kulturen kennenlernen und mich persönlich weiterentwickeln möchte. Ich reise, weil ich aus meinem Alltag ausbrechen und mich in neuen Dingen frei fühlen möchte. Und ich reise, weil ich auch noch an meinem Lebensabend in den Erinnerungen an meine atemberaubenden Erlebnisse schwelgen und nicht mit unerfüllten Träumen oder absurden Albträumen sterben möchte.

Bei all diesen persönlichen Wünschen wird es doch aber möglich sein, die Welt ohne Umweltzerstörung, frei von Hektik und mit Rücksicht auf die Natur und die Menschen vor Ort zu entdecken – oder etwa nicht? Der totale Verzicht auf das Reisen kann zumindest nicht die Antwort sein. Denn ob mit Rucksack, Trolley oder Reisetasche: Tourismus ist für viele Menschen ein Hoffnungsschimmer – für die einen bedeutet er Erholung und für die anderen schafft er Arbeit und ein sicheres Einkommen. Das Reisen ist unglaublich wichtig für den Austausch fremder Kulturen und die gemeinschaftliche Weiterentwicklung unserer Gesellschaft. Doch klimafreundlich, ökologisch, fair, bewusst, regional, vegan und müllvermeidend, ohne Kunstschnee und ohne Kreuzfahrtschiff – das klingt alles sehr nachhaltig, aber leider auch danach, dass es meiner Reisefreiheit die Grenzen aufzeigt. Und was ist überhaupt, wenn wissbegierige Wissenschaftler in zehn Jahren feststellen, dass unser Reiseverhalten doch gar nicht so umweltschädlich ist? Dann hätten wir völlig umsonst dafür gesorgt, dass unsere An- und Abreisen weniger Treibhausgase in die Atmosphäre blasen, dass weniger Tiere als verstörte Touristenattraktion verenden, dass keine einzigartigen Landschaften mehr für Hotelanlagen weichen müssen und dass sich totgetrampelte Regionen erholen und zu einem Mekka der Artenvielfalt entwickeln können. Oh ja, da würden wir uns ganz schön ärgern. Ironie aus.[1] Spätestens die Corona-Pandemie sollte jedem bewusst gemacht haben, was passiert, wenn wir die Natur mit Füßen treten.

Jetzt ist die Zeit, in der wir Schritt für Schritt lernen müssen, wie nachhaltiges Reisen funktioniert. Da trifft es sich doch gut, dass »öko sein« wieder hip ist und uns bereits so viele Chancen zur Verfügung stehen. Und wir müssen dafür nicht einmal in Birkenstocksandalen, mit Rastalocken und einem bunten Jutebeutel über der Schulter durch die Weltgeschichte schlendern. Nein. Alles, was wir tun müssen, ist, aufzustehen aus der Strandliege, die wir unsere Gewohnheiten nennen, und die Art unseres Reisens zu entschleunigen. Ich weiß zwar mittlerweile, wie das geht, aber auch ich lerne jeden Tag Neues dazu. Nachhaltiges Reisen ist ein persönlicher Entwicklungsprozess und keine Hauruckaktion. Langstrecke – und nicht Kurzstrecke. Dabei muss niemand alles perfekt machen. Wir nehmen uns einfach mehr Zeit für bewusstes, nachhaltiges Reisen mit einzigartigen Erlebnissen und unvergesslichen Momenten. Mit jeder Zeile dieses Buches möchte ich dir beweisen, dass wirklich jeder nachhaltig reisen, die Natur entdecken und ein aufregendes, bereicherndes Leben führen kann, ohne damit das Klima und das Wohlbefinden anderer Lebewesen auf dieser Erde bewusst oder unbewusst zu gefährden.

# WARUM NACHHALTIG REISEN?

»Wir können den Wind nicht ändern – aber die Segel anders setzen.«

ARISTOTELES

## Zahlen & Fakten:

- 1950 gab es weltweit etwa 25 Millionen Reiseankünfte. Bis zum Jahr 2019 stieg diese Zahl bereits auf 1,5 Milliarden an.[2]
- Die durchschnittlichen $CO_2$-Emissionen von Deutschen lagen im Jahr 2017 bei 8,7 Tonnen. Zum Vergleich: In Indien wurden pro Kopf nur 1,61 Tonnen $CO_2$ ausgestoßen.[3] Maximal 2,3 Tonnen $CO_2$ pro Person pro Jahr sind laut Wissenschaft klimaverträglich.[4]
- Von 7 Milliarden Menschen auf der Welt macht nur 1 Milliarde Urlaub.[5]
- Pro Jahr gelangt mehr als eine halbe Tonne Plastikmüll ins Mittelmeer. Das sind umgerechnet 33 800 Plastikflaschen in der Minute.[6]
- 70 Prozent der Deutschen würden gern nachhaltiger reisen – aber nur 7 Prozent tun es auch.[7]

Um Dinge anpacken und dauerhaft verbessern zu können, muss man erst einmal verinnerlichen, wofür man das überhaupt macht. Wer sich etwas vornimmt, tut das schließlich nicht ohne Grund. Wir streifen uns die Laufschuhe über, weil wir wissen, dass die Bewegung ein paar überflüssige Pfunde purzeln lässt. Wir legen bei der Arbeit eine Extraschicht ein, weil wir wissen, dass es honoriert wird und die Karrierechancen steigert. Wir sparen unser Geld zusammen, weil wir wissen, dass wir damit an unseren Urlaubstagen dem Alltag entfliehen können. Der Sonne entgegen. Und wir reisen nachhaltig, weil ... ja, warum reisen wir denn eigentlich nachhaltig? Was genau treibt uns dabei an?

Ich zum Beispiel verbringe meine Urlaubszeit mit einem möglichst geringen ökologischen Fußabdruck, weil ich weiß, dass wir über unsere Verhältnissen leben, weil mir bewusst ist, dass ich unsere wunderschöne Erde und ihre Lebewesen kennenlernen kann, ohne sie zu gefährden – und weil ich durch das nachhaltige Reisen die Chancen darauf erhöhe, dass auch meine Kinder und Enkelkinder diesen Luxus noch genießen können. Zudem sind die meisten Dinge, die wir im Urlaub für unsere Umwelt und unsere Mitmenschen tun können, so unglaublich einfach umsetzbar.

## Ökologischer Fußabdruck

Jeder Mensch hinterlässt durch sein Verhalten einen ökologischen Fußabdruck. Dieser Fußabdruck beschreibt die natürlichen Ressourcen, die man persönlich benötigt, um den eigenen Lebensstandard dauerhaft aufrechtzuerhalten. Das gilt natürlich auch für das Reisen. Dabei werden Werte berücksichtigt, die Einfluss auf unsere Umwelt nehmen, etwa der $CO_2$-Ausstoß von Hin- und Rückflug, die Taxifahrten am Reiseort oder der Wasserbedarf in der Produktion der Lebensmittel, die man vor Ort isst. Auch der Anteil des Mülls, der durch den eigenen Konsum entsteht und recycelt werden kann, ist für den ökologischen Fußabdruck entscheidend. Dieser ist am Ende ein aussagekräftiger Anhaltspunkt dafür, die Nachhaltigkeit unseres Verhaltens grundsätzlich sehr gut miteinander vergleichen und schlussendlich auch verbessern zu können. Deinen persönlichen Fußabdruck kannst du zum Beispiel hier berechnen: https://www.fussabdruck.de.

Viel Impact und wenig Stress – das klingt doch schon einmal ganz cool, oder? Ich weiß auch, dass bei einem Urlaub meist die eigene Erholung oder Unterhaltung im Vordergrund steht und erst dann an die Umwelt gedacht wird. Dieses Kapitel habe ich deshalb ganz bewusst geschrieben, um dir einen lebenslangen Motivator für die Umsetzung der Ideen und Ratschläge aus diesem Buch an die Hand zu geben.

Wir dürfen nicht glauben, dass jemand anderes unsere Welt retten wird, und wir selbst noch ein Teil des Problems bleiben. Um selbst mit Leib und Seele ein wichtiger und fördernder Teil des globalen, nachhaltigen Reisens zu werden, muss man zunächst die Schattenseiten des Tourismus einmal kennenlernen. Erst wenn man weiß, wo sich Probleme verbergen, kann man sie auch gemeinsam lösen und die Chancen für den Tourismus nutzen.

Nutze diesen Moment, um dir dein persönliches WARUM zu beantworten.

# PROBLEME UNSERER ZEIT

Wenn nur ein einziger Mensch durch ein Mohnfeld läuft, zertrampelt er zwar einige der Klatschrosen – ein echtes Problem lässt sich zu diesem Zeitpunkt jedoch erst einmal nicht erkennen. Doch nur ein einzigartiges Instagram-Bild später strömen plötzlich Touristen wie Zombies aus allen Ecken der Welt dorthin, um ebenfalls mit schicken Fotos in der bunten Landschaft unter #poppyfields darzustellen, dass sie auch Naturliebhaber sind.[8] Erst jetzt zeigt sich das Problem in Form von vollständig platt gewalzten Pflanzen in seiner ganzen Pracht: Wo ein Tourist kaum Schaden anrichtet, sorgen Zehntausende für große Sorgen. Auch der Landwirt hat nun Einkommensverluste oberster Güteklasse am Hals. Probleme wie diese stehen symbolisierend für die Auswirkungen des Massentourismus auf Umwelt, Soziales und die Wirtschaft – und entwickeln sich in unserer schnelllebigen und vernetzten Welt so rasant wie nie zuvor. Wenn wir auf Reisen sind, dann ist das Trampeln sogar noch eines der kleineren Übel. Zusätzlich fliegen und konsumieren wir – wir verbrauchen natürliche Ressourcen, beanspruchen Platz und benehmen uns an Urlaubsorten oft anders, als es die hiesige Kultur erwartet. So groß das Freizeitangebot und die Einnahmen der Einheimischen durch den Tourismus auch sind, überwiegen bei massenhaftem Pauschaltourismus leider oft die schwergewichtigen ökologischen, wirtschaftlichen und gesellschaftlichen Folgen.

### Massentourismus

Wenn sich übermäßig viele Reisende an einem Zielort befinden, spricht man grundsätzlich von Massentourismus. Diese Tourismusform wird durch eine gute Verkehrsinfrastruktur, viele Hotels, aber vor allem von den sehr bequemen Angeboten von Reiseanbietern gefördert, die Urlaubern den organisatorischen Aufwand so gut es geht abnehmen.

## TREIBHAUSGASEMISSIONEN

**Zahlen & Fakten:**

- Der Anteil der Tourismusbranche an den globalen Treibhausgasemissionen beträgt 5 Prozent.[9]
- Im Jahr 2019 gab es in der weltweiten Luftfahrt rund 47 Millionen Flüge – Tendenz steigend.[10]
- Durch einen All-inclusive-Urlaub in Mexiko kommt es beispielsweise durchschnittlich zu einem Treibhausgasausstoß von 7218 Kilogramm $CO_2$ pro Person.[11] Empfohlen werden allerdings maximal 2300 Kilogramm $CO_2$ im ganzen Jahr.[12]

Da der Tourismus für etwa 5 Prozent der Treibhausgasemissionen der Menschheit verantwortlich ist, sollte es auch niemanden verwundern, dass die Reiserei massiv zum größten Umweltproblem unserer Zeit beiträgt: dem Klimawandel. Den Löwenanteil der Treibhausgasemissionen durch Urlauber nimmt im Regelfall die An- und Abreise ein. Sowohl die Bahn und das Auto, aber ganz besonders die Flugzeuge stoßen dabei $CO_2$ aus. Beispielsweise entstehen für die Flüge von Frankfurt nach Cancún in Mexiko und zurück etwa 3,25 Tonnen $CO_2$ pro Person als direkte Treibhausgasemission. Zum Vergleich: Das entspricht etwa 16 Monaten durchschnittlichen Autofahrens. In großen Höhen haben Treibhausgase zudem eine noch höhere Klimawirkung. So tragen Stickoxide zur Ozon- und Feinstaub und Wasserdampf zur Wolkenbildung bei. An den Kondensstreifen am blauen Himmel lässt sich das sehr gut erkennen.[13] Es sind jedoch nicht nur die An- und Abreise, die das globale Klima belasten. Auch die gewählte Unterkunft stößt in besonderem Maße $CO_2$ aus - vor allem, wenn die Verantwortlichen auf Energie aus Kohlestrom setzen und das Gebäude wärmedurchlässige Außenwände hat. Das gilt im Übrigen auch für die Lebensmittel, die wir als Reisende vor Ort zu uns nehmen, und die Aktivitäten, denen wir im Urlaub nachgehen. Ein knusprig gebratenes Rinderfilet, das wir nach einer langen Taxifahrt vom Hotel zum Strandrestaurant zu uns nehmen, trägt also während der Reise ebenfalls zur globalen Erwärmung bei - vor allem indirekt, weil die Kuhhaltung mit Methan und Lachgas noch viel klimaschädlichere Treibhausgase erzeugt.

Luftverschmutzung ist ebenfalls eine Folge des Tourismus, die nicht vergessen werden darf. Neben den Treibhausgasemissionen trägt das Reisen zum Beispiel durch die endlose Anzahl von Personentransporten, aber auch durch die industrielle Produktion von touristischen Konsumgütern massiv zur Luftverschmutzung bei. Diese macht ja bekanntlich nicht an Ländergrenzen halt und kann schwerwiegende Folgen für die Gesundheit aller Lebewesen (zum Beispiel Atemwegserkrankungen und Herz-Kreislauf-Erkrankungen), unsere Gesellschaft (zum Beispiel Ernteausfälle, Gebäudeschäden und psychische Belastungen) und unsere Umwelt (zum Beispiel Bodenschäden, saurer Regen und ein zunehmender Treibhauseffekt) bedeuten.

Das große Problem mit den Emissionen ist aber, dass sie entweder gar nicht oder nur schwer sichtbar sind, weil sie sich so schnell aus dem Staub machen. Und gerade das macht es unserem Hirn so schwer, sich die Konsequenzen des eigenen Handelns auszumalen. Doch tatsächlich leiden gerade die Branchen schon heute unter dem Klimawandel, die besonders von beständigen Temperaturen und Niederschlägen abhängig sind. Das sind nicht nur Land- und Forstwirtschaft oder der Energiesektor, nein: Das ist ganz besonders der Tourismusbereich.

## Warum nachhaltig reisen?

Als Reisender können wir dem massiven Ausstoß von Treibhausgasemissionen in der Tourismusbranche beispielsweise durch die Einhaltung des persönlichen Klimabudgets, durch die gezielte Wahl einer ökozertifizierten Unterkunft oder anhand der An- und Abreise mit Bus und Bahn entgegenwirken.

### Klimabudget

Das persönliche Klimabudget beschreibt die Summe des $CO_2$-Ausstoßes einer Person, die als klimaverträglich eingestuft wird. Jeder Mensch auf der Welt darf demnach pro Jahr durch sein eigenes Verhalten maximal 2,3 Tonnen $CO_2$ ausstoßen. Der Wert wurde anhand des verbleibenden weltweiten Emissionsbudgets und der mittleren Weltbevölkerung ermittelt, um die globale Erderwärmung bis zum Jahr 2050 nicht über 2 Grad Celsius gegenüber dem vorindustriellen Niveau ansteigen zu lassen.[14] Das persönliche Klimabudget ist also wie ein Bankkonto, auf dem 2300 Euro schlummern. Wer viel ausgibt und überzieht, lebt auf Pump – also auf Kosten des Planeten.

## ABFALLAUFKOMMEN

**Zahlen & Fakten:**

- Achtlos an Land weggeworfener Müll wird über den Wind und die Flüsse letztendlich ins Meer getragen: Etwa 380 Tonnen Plastik schwemmt allein der Rhein Jahr für Jahr in die Nordsee.[15]
- Ein Kreuzfahrtschiff mit 1200 Passagieren und Besatzung produziert jeden Tag etwa 4,2 Tonnen Müll – Ölreste, Abwasser und sanitäre Rückstände nicht mitgerechnet.[16]
- Eine Plastikflasche benötigt rund 450 Jahre, bis sie sich im Meerwasser vollständig zu kleinerem Mikroplastik zersetzt hat.[17]

Während der Ausstoß von Treibhausgasen im Tourismus eher unauffällig daherkommt, ist der Plastikmüll an den weltweiten Stränden mit Sicherheit ein Umweltproblem, das wirklich niemand mehr übersehen kann. Rund 10 Millionen Tonnen Plastikmüll gelangen jährlich ins Meer und kosten im gleichen Zeitraum etwa 1 Million Seevögeln und 135 000 Meeressäugern das Leben.18 Vor allem die Reiseunterkünfte sind vielerorts überfordert mit dem massiven Touristenaufkommen. Als Folge von jährlich 1 Million Touristen produzieren zum Beispiel 101 Urlaubsresorts und 157 Hausboote auf den Malediven 140 Tonnen Müll. Jeden Tag! Der Tourismus hinterlässt damit ein Viertel des gesamten Abfalls, der auf den Malediven produziert wird.19 Ob auf den Malediven, in Indien, Indonesien oder Italien – ich habe schon oft mit ansehen müssen, wie Hotelmitarbeiter oder Strandbarbesitzer ihren Müll in einer gekonnten Hauruckaktion einfach am Sandstrand verbuddelten. Gemäß dem Motto »aus den Augen, aus dem Sinn«. Bei Strandspaziergängen knistert es heutzutage – anstatt den weichen Sand unter den Füßen zu spüren, tritt man eher auf leere Flaschen, scharfkantige Feuerzeuge und verlorene Flip-Flops. Je touristischer ein Reiseort wird, desto mehr Müll wird dort auch produziert. Bei mangelhaften Entsorgungssystemen endet das dann schnell in einer ökologischen Katastrophe. Natürlich darf man nicht den Fehler machen, die Schuld an der Umweltproblematik allein bei den Touristen zu suchen. Doch sollte man bei sich selbst beginnen: Schließlich geht es auch um unsere Vorbildfunktion gegenüber unseren eigenen Kindern und gegenüber Einheimischen am Urlaubsort, die vielleicht noch nicht die Chance hatten, den richtigen Umgang mit dem Kunststoff zu lernen.

Wenn du reist, kannst du der Müllflut beispielsweise entgegenwirken, indem du auf Einwegprodukte wie Plastiktüten, Plastikbecher und Plastikstrohhalme verzichtest und sie durch wiederverwendbare Alternativen wie den Jutebeutel, die eigene Trinkflasche und Strohhalme aus Glas oder Edelstahl ersetzt. Auch eine kleine Müllsammelaktion hat noch niemandem geschadet – im Gegenteil: Sie rettet Leben.

## RESSOURCENVERBRAUCH

**Zahlen & Fakten:**

- Jeder Urlauber verbraucht durch Duschen im Hotelzimmer, Swimmingpools oder die Bewässerung der Grünanlagen des Hotels durchschnittlich zwischen 84 und 2425 Liter Wasser am Tag. Um die auf Reisen verzehrten Lebensmittel zu produzieren, werden zusätzlich in indirekter Form noch einmal etwa 6000 Liter Wasser für jeden Touristen pro Tag benötigt.[20]
- Der Energieverbrauch der Tourismusbranche ist zu 75 Prozent auf die Nutzung von Verkehrsmitteln zurückzuführen.[21]
- Um einen Liter flüssigen Bio-Kraftstoff für Flugzeuge zu erzeugen, sind 2500 Liter Wasser notwendig.[22]

Die hohen Treibhausgasemissionen der Tourismusbranche sind darauf zurückzuführen, dass wir ganz grundsätzlich übermäßig viele natürliche Ressourcen verbrauchen, zum Beispiel für den Ausbau der Infrastruktur am Reiseort. Aber auch alles, was wir in unserem Alltag und im Urlaub tun, verbraucht in irgendeiner Form natürliche Ressourcen, solange wir dafür nicht unsere eigene körperliche Energie aufbringen. Klimaanlagen und Ventilatoren gegen die zunehmende Hitze oder die elektrischen Fahrstühle im Hotel verbrauchen Energie. Ebenso ist der Wasserverbrauch pro Person im Urlaub nachweislich höher als in den eigenen vier Wänden, sei es direkt durch lange Duschzeiten nach sandigen Strandbesuchen oder indirekt durch Swimmingpools oder die Bewässerung von Grünanlagen im Hotel. Allein für den Anbau und die Reinigung der Nahrungsmittel von Touristen werden indirekt 6000 Liter Wasser am Tag verbraucht.[23] In Südafrika konnte ich das Umweltproblem der Wasserknappheit zum ersten Mal selbst erleben. Schon am Flughafen in Kapstadt wurde ich darauf hingewiesen, sehr sparsam mit dem Wasser aus der Leitung umzugehen. An einem Tag kam wirklich überhaupt kein Wasser aus dem Hahn. Eine absolut lehrreiche Erfahrung, die mir gezeigt hat, wie bedrohlich Wassermangel für unsere Existenz ist. Neben Energie und Wasser verbrauchen wir aber auch Ressourcen wie Erdöl. Damit meine ich nicht nur den Benzinverbrauch für die Taxifahrten vom Hotel zur nächsten Touristenattraktion oder die lange Anreise mit dem Fernbus. Die vielen Produktverpackungen für Lebensmittel und andere Waren bestehen meist aus Plastik – das ist nichts anderes ist als destilliertes, gecracktes und synthetisiertes Erdöl.

Indem du auf Reisen ganz bewusst kürzer duschst und die Klimaanlage möglichst wenig anschaltest, kannst du dem hohen Ressourcenverbrauch und den daraus resultierenden Folgen bereits entgegenwirken. Auch die Entscheidung dafür, die Stadt per Fußmarsch und nicht im überfüllten Touristenbus zu erkunden, hat einen positiven Impact.

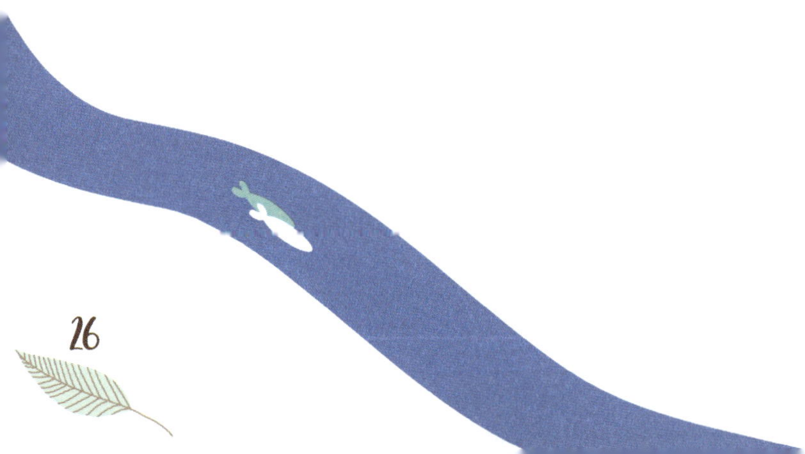

## LANDSCHAFTLICHE FOLGEN

**Zahlen & Fakten:**

- Seit den 1950er-Jahren sind die Mangrovenwaldbestände um die Hälfte geschrumpft. Die Abholzung der Mangroven ist dabei für etwa 10 Prozent der durch Waldrodung entstehenden Treibhausgase weltweit verantwortlich.[24]
- Der Beijing New International Airport in Chinas Hauptstadt ist mit 700000 Quadratmetern der flächenintensivste Flughafen. Das entspricht einer Größe von 98 aneinanderliegenden Fußballfeldern.[25]
- Im Jahr 2009 lag des weltweite jährliche Touristenaufkommen bei etwa 892 Millionen Menschen. Nur zehn Jahre später sind es fast 1,5 Milliarden Urlauber, für deren Bedürfnisse das Landschaftsbild am jeweiligen Reiseziel wesentlich verändert wird.[26]

Wenn Reiseziele sich in kurzer Zeit zunehmender Beliebtheit erfreuen, werden neben flächenintensiveren Flughäfen natürlich auch immer mehr Straßen, Unterkünfte, Bahntrassen, Einkaufshallen, Golfplätze und Geschäfte gebaut. Jeder Neubau zerstört Ökosysteme. Beispielsweise werden Mangrovenwälder zerstört, um Platz für Küstenhotels und Häfen, aber auch für Aquakulturflächen zur Zucht von Garnelen zu machen.[27] Allein die Ernährungsgewohnheiten von Touristen provozieren auf diese Weise die Zerstörung ganzer Ökosysteme – nicht nur direkt am Urlaubsort, sondern auf der ganzen Welt. Für den Anbau von Futtermitteln für Rinder und die notwendigen Weideflächen werden zum Beispiel Regenwälder abgeholzt.[28] Solche Praktiken verschärfen wiederum das rasante Artensterben von Tieren und Pflanzen, das wir zurzeit beobachten können.[29] Durch Versiegelung gehen zudem vor allem wichtige Bodenfunktionen wie die Wasserdurchlässigkeit oder die Bodenfruchtbarkeit verloren.[30]

Viele Touristen machen also nicht nur viel Müll und verbrauchen sehr viel Wasser und Energie – für sie werden auch noch viele natürliche Flächen zerstört oder, salopp gesagt, plattgemacht. Zudem sieht das gesamte Landschaftsbild ab einem gewissen Zeitpunkt auch nicht mehr so attraktiv aus, wie es ursprünglich einmal war. An einzigartigen Küstenregionen reichen sich plötzlich riesige Hoteltürme anstatt große, uralte Bäume die Hand. So wurde beispielsweise auch die philippinische Insel Boracay von zuletzt 1,7 Millionen Touristen pro Jahr zu Tode geliebt. Ohne Alternative sperrte der Landespräsident die Insel für ein Jahr, um Zeit für eine Sanierung zu bekommen. Nachdem die Reisen nach Boracay nun wieder möglich sind, wurden Partys, Alkohol und auch das Rauchen am Strand verboten.[31] Dies ist ein eindrucksvolles Beispiel dafür, wie sehr der Massentourismus Urlaubsregionen schaden kann – doch es zeigt auch, wie man aus den eigenen Fehlern lernen und Landschaften langfristig schützen und erhalten kann.

Wenn wir von Landschaftsveränderungen durch den Tourismus sprechen, darf auch das Korallensterben am Great Barrier Reef nicht vergessen werden. Der Ozeanforscher Ove Hoegh-Guldberg sagte in einem Interview im Jahr 2015, dass das 2300 Kilometer lange Ökosystem im Nordosten Australiens seit Mitte der 1980er-Jahre fast die Hälfte seiner Korallen verloren hat. Weltweit sind jedoch etwa 500 Millionen Menschen von den Korallenriffen abhängig – sie brauchen sie zum Schutz der Küstengebiete, für den Fischfang – und natürlich ganz besonders als touristische Einnahmequelle.32 Umweltverschmutzung, Überfischung und durch die globale Erwärmung ebenfalls ansteigende

Wassertemperaturen sind die Hauptursache für die sogenannte Korallenbleiche und die reduzierte Fortpflanzungsfähigkeit von Korallen.

**Sandkrise in Dubai**

Gute Vertriebler können sogar Arabern Sand verkaufen. Ein lobhudelnder Spruch, der allerdings heute nicht mehr zwingend ironisch gemeint sein muss. Sand ist nämlich weltweit, aber besonders in schnell wachsenden touristischen Protzstädten wie Dubai als Baustoff gefragt – und deshalb so rar. Leider sterben bei der Sandgewinnung auch massenweise Tiere und Pflanzen an den Meeresböden. Zudem sorgt der Raubbau an der Natur langfristig dafür, dass auf natürliche Weise wieder Sand von Küstenregionen abgetragen wird.[33]

## Gesellschaftliche Folgen

**Zahlen & Fakten:**

- Etwa 13 bis 19 Millionen Kinder unter 18 Jahren sind in der Tourismusbranche tätig.[34]
- In der Dominikanischen Republik gab es im Jahr 1993 etwa 25 000 Kinderprostituierte im Alter zwischen 12 und 17 Jahren. Etwa 88 Prozent der »Sexkunden« waren internationale Reisende.[35]
- Rund 60 Prozent der Beschäftigten in der Tourismusbranche sind Frauen. Sie verdienen allerdings etwa 25 Prozent weniger als ihre männlichen Kollegen, obwohl sie dieselbe Arbeit verrichten.[36]

Wo sich Massen von Menschen aufhalten, ist es mit der erholsamen, ruhigen Idylle schnell vorbei. Seien es die Hin- und Rückreise mit dem Flugzeug und der Bahn, laute Baustellen oder die respektlose Partyclique in einem Hotel in unmittelbarer Nähe eines religiösen Tempels – die Lärmemissionen durch den Tourismus lassen sich nicht verschweigen. Insbesondere das letzte Beispiel verdeutlicht, dass in Urlaubsregionen häufig völlig unterschiedliche Kulturen aufeinanderprallen. Es ist aber nicht nur der Lärm, der die Lebensqualität von Einheimischen drosselt. Auch der Müll, der Flächenschwund und ganz besonders die hohe Abhängigkeit vom Geld der Touristen wird zu einem Problem für die Menschen vor Ort. Als der balinesische Schichtvulkan Batur im Jahr 2018 Rauch spuckte und damit den Luftverkehr und die Touristenströme lahmlegte, war ich gerade vor Ort. In diesen Wochen konnte ich hautnah erleben, wie wichtig der Tourismus für das Einkommen der Balinesen ist. Konflikte zwischen Einheimischen und den bereits anwesenden Touristen und auch das Betteln um Geld nahmen spürbar zu. Gar nicht auszudenken, was dort passieren würde, wenn die Insel vollständig im Müll versinkt und für einige Monate saniert und gesperrt werden müsste.

## Wohlstandsunterschiede

Wenn gut verdienende Urlauber aus Industrienationen wie Deutschland einen Urlaub in Schwellenländern wie Thailand machen, dann ist die bekannte »Schere zwischen Arm und Reich« nicht zu übersehen. Doch diese bietet zum Beispiel dem Teeverkäufer die Chance, sein Einkommen und seine Lebensqualität zu erhöhen, indem er seinen Tee, den er normalerweise für 1 Euro an Einheimische verkauft, für 4 Euro an Touristen anbietet. Auf diese Weise lassen sich Wohlstandsunterschiede minimieren und die Lebensqualität der Einheimischen erhöhen.

In vielen Urlaubsländern sind Arbeitsplätze zudem nur saisonaler Natur – und manche sogar täglich lebensgefährlich. Die Familien der helfenden Sherpas am Mount Everest müssen zum Beispiel regelmäßig schwere Schicksalsschläge hinnehmen, weil ihre Männer und Väter durch das ungeschickte Verhalten unerfahrener Bergsteiger in den Tod stürzen.[37] Touristen sind im Regelfall viel wohlhabender und daher in der deutlich angenehmeren Position. Deshalb zieht es viele Einheimische aus ihren Dörfern auch in die Ballungsräume, in denen sich das Geld der Touristen einfacher verdienen lässt. Ländliche Regionen werden dadurch geschwächt.

Die naturzerstörerische Art des Massentourismus nagt zusätzlich an einer weiteren Einkommens- und Nahrungsquelle von Einheimischen: der Fischerei. Durch die Zerstörung von Küstengebieten wie den

Mangrovenwäldern für touristische Anlagen ist die Lebensgrundlage von bis zu 300 Millionen Menschen auf der ganzen Welt gefährdet.[38]

Die Menschenrechte werden für den Tourismus in vielerlei Hinsicht mit Füßen getreten - sei es die Enteignung von Bauern und Fischern, das Vertreiben von indigenen Völkern oder die sexuelle Ausbeutung.[39] Zehntausende Urlauber fliegen gezielt ins Ausland, um dort Sex zu haben - oftmals mit Minderjährigen. Und die Dunkelziffer des Sextourismus ist noch weitaus höher.[40]

Je größer der Platzbedarf des Tourismus an einem bestimmten Reiseort wird, desto größer ist die Bedrohung für die Einheimischen. Dennoch bietet der Tourismus auch die riesige Chance, um die Wohlstandsunterschiede zwischen Urlaubern aus Industrienationen und Einheimischen in Entwicklungs- und Schwellenländern zumindest etwas anzupassen. Als Tourist kannst du zum Beispiel dazu beitragen, indem du bewusst in lokalen Restaurants und nicht in internationalen Restaurantketten speist.

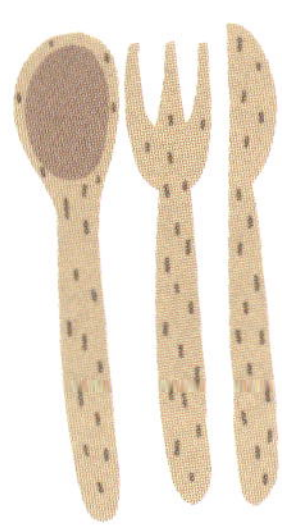

## WIRTSCHAFTLICHE FOLGEN

**Zahlen & Fakten:**

- Jeder zehnte Arbeitsplatz in unserer globalen Gesellschaft ist abhängig von einem funktionierenden Tourismus.[41]
- Etwa 21 Prozent des Bruttoinlandsprodukts Griechenlands entfiel im Jahr 2019 auf die Tourismusbranche.[42]
- 86 Prozent der Deutschen halten All-inclusive-Urlaube für angesagt.[43]

Auf den ersten Blick ist ein boomender Tourismus für die Wirtschaft einer beliebten Reiseregion natürlich sehr förderlich. Schließlich verdienen nicht nur Unterkünfte an der Reiselust der Menschen, sondern auch regionale Anbieter von Gütern und Dienstleistungen wie Nahrungsmitteln, Bauleistungen oder Möbeln. Doch in der alltäglichen Praxis des Massentourismus läuft das im Regelfall leider nicht so märchenhaft ab, da große Hotelketten sich mehr ihren Aktionären gegenüber verpflichtet fühlen als einer gesunden ökonomischen Entwicklung. Das regionale Angebot ist beispielsweise in unterentwickelten Ländern meist gar nicht in der Lage, den Bedarf zu decken. Deshalb wird für den Ausbau oft auf das Angebot aus dem wohlhabenden Ausland zurückgegriffen. Trotz des Booms bleibt dann am Ende nur ein geringer Teil der Wertschöpfung im eigenen Land. Anhand einer All-inclusive-Reise lässt sich das wunderbar, aber leider auch etwas beängstigend beschreiben. Ein deutscher Tourist nutzt beispielsweise ein deutsches Reiseportal, um einen Flug mit einer französischen Airline ins namibische Windhoek zu buchen. Vor Ort übernachtet er in einer amerikanischen Hotelkette. Wenn er dann noch hauptsächlich in seiner Unterkunft speist und im hauseigenen Pool planscht, hat die einheimische Wirtschaft kaum eine Chance, von der Reise des Urlaubers zu profitieren. Auch wenn sich der Urlauber während seines gesamten Urlaubs in Namibia aufhält, bekommen das Land und seine Einwohner nur einen kleinen Teil des Kuchens ab. Durch den sogenannten Devisenabfluss verdienen stattdessen am Ende finanzstarke Konzerne das Geld.

Wenn du dich an deinem Reisezielort aufhältst, solltest du deshalb ganz bewusst darauf achten, dass deine Ausgaben möglichst vor Ort bleiben, so verlockend die Angebote von weltbekannten und vertrauten Anbietern auch klingen mögen.

# SANFTER TOURISMUS

Wachsender Wohlstand, wachsende Weltbevölkerung, wachsender Welterkundungsdrang – wenn der boomende harte Massentourismus für ebenso massive Probleme in den unterschiedlichsten ökologischen und soziokulturellen Formen sorgt, wird es doch dafür wohl eine weiche Lösung geben, oder nicht? Wir kommen ja schließlich gar nicht drum herum zu lernen, wie Tourismus in seinem zukunftsfähigen Pendant funktioniert. Glücklicherweise existiert das Prinzip des sanften Tourismus bereits, das wir als Grundlage dafür benötigen. Ob wir das Ganze jetzt »sanfter Tourismus«, »nachhaltiger Tourismus«, »naturnaher Tourismus« oder »Green Traveling« nennen, sei einmal dahingestellt – am Ende beschreibt es eine Form des nachhaltigen Reisens, die durch eine hohe Verbundenheit zur Natur, die Berücksichtigung Einheimischer bei der Planung sowie durch intensive statt massenhafte Reiseerlebnisse alle negativen Auswirkungen des Tourismus korrigieren und langfristig vollständig beseitigen will.

Laut Prof. Dr. Wolfgang Strasdas[44] verfolgt der nachhaltige Tourismus auf den Punkt gebracht die folgenden drei Ziele der nachhaltigen Entwicklung im jeweiligen Reiseland:

- **Ökonomische Ziele:** Beitrag zur Wertschöpfung, Stärkung der regionalen Wirtschaft, Schaffung von Beschäftigung
- **Ökologische Ziele:** Vermeidung negativer Auswirkungen auf die Biodiversität, Reduzierung des Ressourcenverbrauchs, Reduzierung der Treibhausgasemissionen
- **Soziale Ziele:** Zufriedenheit der Reisenden und der Bereisten, interkultureller Austausch, Teilhabe der Bevölkerung am Tourismus

Damit sich eine Region in den drei Bereichen mithilfe des Tourismus so prächtig weiterentwickeln kann, können die Verantwortlichen eines Ortes gezielte Maßnahmen einführen, um zum Beispiel faire Arbeitsbedingungen und berufliche Perspektiven zu schaffen und die Wirtschaftsleistung in der eigenen Region zu halten. Viele Reiseregionen begrenzen die Anzahl der vorhandenen Schlafgelegenheiten einfach, um riesige Hoteltürme und laute Flughäfen, Tausende Lkw-Ladungen mit Plastikmüll, zerstörerische Landschaftsveränderungen und andere ungewünschte Mitbringsel des Massentourismus von sich fernzuhalten. Auf dieser Basis können die Menschen vor Ort ihre Natur schützen und darauf bauen, dass auch zukünftig zahlungskräftige Touristen vorbeischauen, um die Region zu erkunden. Geschlafen wird zum Beispiel in lokalen Pensionen, die von Einheimischen mit voller Leidenschaft geführt werden – und nicht in wolkenkratzenden Hotels, bei denen man als Tourist nur eine kleine Nummer im System ist. Auch die Güter und Dienstleistungen, die in den Pensionen angeboten und durchgeführt werden, stammen von Unternehmen aus der Region. So kann man beim Mittagessen zum Beispiel Kartoffeln vom örtlichen Bauern genießen – und auch die Mitarbeiter der Pensionen wohnen in der Gegend und werden fair bezahlt. Überhaupt werden alle Menschen vor Ort in die Gestaltung von zukunftsfähigen Tourismuskonzepten einbezogen. Auf diese Weise schweißt der sanfte Tourismus auch die Gemeinschaft an beliebten Urlaubsorten zusammen, sodass auch kulturelle Traditionen durch den Tourismus keinen Schaden erleiden und sich die Region in naher Zukunft wunderbar weiterentwickeln kann. Vielleicht klingt das für dich auch erst einmal wie eine Traumwelt – doch vielerorts ist sie schon Realität.

Der sanfte Tourismus legt also den Grundstein zur Lösung der ökologischen, ökonomischen und gesellschaftlichen Probleme des Massentourismus. Doch erst in Kombination mit der eigenen nachhaltigen Einstellung von Urlaubern wird das Problem auch wirklich an der Wurzel gepackt. Als Urlaubsjunkie müssen wir also bei unseren eigenen Werten ansetzen. Dafür reicht es nicht, alle drei Jahre an einer Umfrage teilzunehmen und mit einem gezwungenen »Ja, ich achte schon sehr auf Nachhaltigkeit während meiner Reisen« zu antworten. Wie bereits weiter oben angeführt, hat eine Untersuchung gezeigt, dass 70 Prozent der Deutschen angeben, nachhaltig zu reisen – und dass nur 7 Prozent es auch tatsächlich tun. Wie kommt es, dass diese Werte so weit auseinanderdriften? Wissen die Menschen es schlicht nicht besser und gehen tatsächlich davon aus, dass ihr Handeln klimabewusst ist? Fehlt es den Menschen einfach an Willensstärke und sie wollen sich nicht die Blöße geben, dies einzugestehen? Oder geben sie die Verantwortung lieber an größere Klimasünder wie Airlines ab, die ja schließlich Treibhausgase im großen Stil herausballern? Letzteres ist auf den ersten Blick verständlich – doch am Ende liegt die Problematik eben im Verhalten jedes einzelnen Reisenden begründet.

An dieser Stelle ist es deshalb wichtig, von deiner inneren Überzeugung heraus gewillt zu sein, zukünftig vermehrt umweltbewusster und sozialverträglicher zu reisen. Die Probleme, die ich bereits beschrieben habe, sollten dir schon einen saftigen Schub Motivation dafür liefern. Sie langfristig zu lösen, sollte dein ständiges Ziel vor Augen sein. Jetzt möchte ich dir noch ein praktisches Bild davon malen, wie die Grundeinstellung eines umweltbewussten Reisenden aussieht, die unser kurzfristiges Verhalten entscheidend bestimmt.

# Langsam Reisen

Zack, zack, zack! Wer schon einmal eine klassisch massentouristische Pauschalreise erlebt hat, weiß, wie schnell sich eine »Attraktion« an die nächste reiht. Hier ein Tempel, dort ein Problembezirk, da ein Teppich und jetzt wieder rein in den Bus - innerhalb einer Stunde erlebt man so Tausende neuer Eindrücke. Doch ist das wirklich ein Erlebnis, bei dem man Menschen, Kultur und Landschaft einer Region kennenlernt? Oder fühlt man sich eher wie ein Rädchen in einem System? Warum diese Hektik, wenn man sein ganzes Leben lang noch Zeit hat, um zu reisen? Es lohnt sich wirklich, bei dem eigenen Urlaubstempo etwas auf die Bremse zu treten: sich von zu steifen Plänen zu lösen, sich Zeit zu nehmen, weniger auszugeben, die eigene Komfortzone auszuweiten, vor Ort Fuß zu fassen und auch mehr zu Fuß unterwegs zu sein. Smartphone aus, Kopf hoch und Augen nach vorn. Betrachte Herausforderungen als willkommene Gelegenheit dafür, Neues über dich selbst zu erfahren. Langsames Reisen erzeugt eine neue Form der Genusskultur - mehr Qualität und intensivere Erlebnisse. »Entspannung statt Jetlag«, ist die Devise. Schlussendlich wirkt diese Art zu reisen auch den zerstörerischen Auswirkungen entgegen, die der Massentourismus mit sich bringt. Lasse dich auf die Menschen vor Ort ein und knüpfe Kontakte. Frage, erzähle und lausche - fordere deine Sinne. Das macht dich wirklich frei von allem Stress und bedeutet echte seelische Erholung und unvergessliche Erinnerungen. Was jetzt vielleicht recht spirituell klingen mag, heißt am Ende nichts anderes als: Erlebe dein Reiseziel entschleunigt und ganz bewusst, anstatt dich von bequemen Gewohnheiten aus deinem Alltag leiten zu lassen.

## RESSOURCEN SCHONEN

Ob zu Hause oder im Urlaub – durch unser tägliches Verhalten verbrauchen wir Wasser, Strom, Kraftstoff, Plastik und eine Schar anderer natürlicher Ressourcen. Direkt und indirekt. Der eine mehr, der andere weniger. Auch als nachhaltig Reisender bist du dir dessen natürlich bewusst und versuchst deshalb, deinen persönlichen Ressourcenverbrauch möglichst niedrig zu halten. Mit kurzem Duschen statt langen Zeremonien in der Badewanne, festem Zudrehen von Wasserhähnen, möglichst wenigen Toilettenspülungen oder der Bevorzugung fleischfreier Mahlzeiten und der Vermeidung wasserintensiver Golfplätze sorgst du dafür, dass deine Komfortansprüche nicht zum Verschleiß knapper Ressourcen führen. Indem du die Klimaanlage beim Verlassen der Unterkunft oder sogar grundsätzlich ausschaltest, bist du deutlich nachhaltiger unterwegs. Das Gleiche gilt natürlich für die Nutzung von Ventilatoren. Und auch, wenn du dein Zimmer nur kurz stoßlüftest, anstatt das Fenster dauerhaft auf Kipp zu stellen, sparst du Energie und indirekt auch immer den Ausstoß von $CO_2$ ein. Sei nach Möglichkeit viel zu Fuß unterwegs, um Kraftstoff zu sparen. Wenn du weniger im Auto sitzt, hast du auch die Chance, dein Reiseziel viel intensiver und detailreicher zu erleben. Neben Wasser, Strom und Sprit lohnt sich natürlich auch die bewusste Müllvermeidung. Indem du immer eine eigene Trinkflasche und einen Rucksack dabeihast, kannst du zum Beispiel auf Tüten und Flaschen aus Plastik ohne Pfand verzichten. Selbst an Orten, wo man das Leitungswasser aus gesundheitlichen Gründen nicht trinken sollte, stellen viele Unterkünfte abgekochtes Wasser zum Abfüllen bereit. Denke Zero Waste – verwende Dinge möglichst oft wieder, verzichte, verschenke, teile und repariere. Das sind zum Teil auch wichtige Grundsätze, damit weniger Lebensmittel in der Tonne landen. Weniger Müll bedeutet schlussendlich eine attraktivere Umgebung und eine lobenswerte Reduzierung des eigenen Ressourcenverbrauchs.

## REGIONALITÄT SCHÄTZEN

Für einen tollen Urlaub kratzen wir unser wohlverdientes Geld zusammen. Wie ärgerlich wäre es, wenn es am Ende bei den Menschen landet, die sowieso schon genug davon haben? Ob Reiseportale, Fluggesellschaften, Hotels oder Touranbieter – im durchorganisierten Massentourismus ist das leider gang und gäbe. Da investiert man es doch lieber in Dienstleistungen und Waren von Menschen, die ihrer Berufung leidenschaftlich, aber nicht im skalierten Stil nachgehen und sich dementsprechend auch über jeden Taler ehrlich freuen. Damit meine ich zum Beispiel Hotelbetreiber, die ganz bewusst auf Möbel vom örtlichen Tischler setzen oder regionale Lebensmittel anbieten. Nachhaltiges und faires Reisen sollte den Menschen am Zielort den größtmöglichen Nutzen bringen. Wenn die Einnahmen in der Urlaubsregion bleiben und nicht an reiche Tourismuskonzerne abfließen, kann eine gesellschaftliche Tradition viel besser bewahrt und die Gegend in einem gesunden Maß Schritt für Schritt weiterentwickelt werden. Versuche deshalb, mit deinem gesamten Reiseverhalten von der Reiseplanung bis zum Konsum vor Ort ganz bewusst die Menschen aus der Region zu fördern.

## MENSCHLICHE WERTE ACHTEN

Nachhaltig zu reisen bedeutet nicht ausschließlich, die Natur zu schützen. Genauso wichtig ist es, sich Einheimischen, anderen Touristen und natürlich auch Tieren gegenüber menschlich zu verhalten und sie nicht negativ zu beeinflussen. Schätze das Privileg, willkommen geheißen zu werden. Du bist ein Gast in einem anderen Land – und bist dort stellvertretend für dein eigenes. Wenn dir das zu jedem Zeitpunkt deiner Reise bewusst ist, reist du meiner Meinung nach schon ganz automatisch deutlich nachhaltiger. Freundlichkeit, Hilfsbereitschaft, Achtsamkeit und vor allem Respekt sind angebracht. Auch wenn das für die Mehrheit von uns sicher logisch erscheint, leben nicht alle Menschen auf Reisen diese Werte vor. Und so wird sich vorgedrängelt, wenn einem die Warteschlange zur Seilbahn zu lang wird. Oder weggeschaut, wenn ein Tier geschlagen oder jemand belästigt wird. Zeige Courage. Verhalte dich auch auf Reisen immer so, wie du es dir auch von anderen wünschen würdest. Zahle leistungsgerechte, faire Preise für Produkte und Dienstleistungen. Behandle alle Tiere so, als wären sie dein Haustier – und behandle fremdes Eigentum so, als wäre es dein eigenes. Melde nicht artgerechte Haltung in Delfinarien oder anderen Einrichtungen mit Tieren, wenn du entsprechende Beobachtungen machst. Nutze die Chance, um mit eigenen Vorurteilen gegenüber dem Reiseland aufzuräumen – und Irrglauben von Einheimischen gegenüber deiner eigenen Kultur zu beheben. Unterstütze und mache Verbesserungsvorschläge, wann immer sich die Möglichkeit dazu bietet. Die Dankbarkeit, die du dafür erfährst, wird dich mächtig stolz machen. Lasse dich auf die Menschen vor Ort ein. Umso aufregender ist deine Reise und umso spannender sind die Geschichten, die sich daraus ergeben.

## DINGE HINTERFRAGEN

Für einen nachhaltigen Alltag – und aufgrund der vielen neuen Eindrücke an Reisezielen eben auch für einen nachhaltigen Urlaub – ist es unglaublich wichtig, nicht alles für selbstverständlich zu nehmen. Provoziere eine Selbsterkenntnis. Frage dich: Was wäre, wenn alle so reisen würden wie ich? Ist es wirklich nötig, mein 160. Instagram-Selfie vor den frei laufenden Affen zu machen – oder sollte ich die Momente lieber mehr in meinen Erinnerungen abspeichern? Benötige ich tatsächlich jeden Tag ein frisches Handtuch und drei neue Seifenstücke von meinem Hotel – oder kann ich die Energie und das Wasser für die Wäsche sparen? Muss ich wirklich um die halbe Welt fliegen, um mich für eine Woche irgendwo an den Strand zu legen – oder reicht der Strandurlaub an der Ostsee nicht auch aus? Begreife die Luxussituation, zu den 10 Prozent von fast 8 Milliarden Menschen zu gehören, die jemals die Möglichkeit hatten, in einem Flugzeug zu sitzen – und sei dankbar. Reise nicht für deine Instagram-Follower, sondern für die Erinnerungen und Erfahrungen, die dir deine Reisen liefern. Entdecke nahe Reiseziele – denn Deutschland und Europa haben ebenfalls unendlich viel zu bieten. Sag auch mal Nein und nimm nicht alles in Anspruch, was dir geboten wird. Durch das Hinterfragen von scheinbar selbstverständlichen Dingen erzielst du auf die einfachste Art und Weise einen nachhaltigen Impact. Und wenn du dir mal nicht sicher bist, ob du das Richtige tust, gibt es immer noch Ansprechpartner bei deiner Unterkunft vor Ort oder auch Diskussionsgruppen in den sozialen Netzwerken, die dir schnellstmöglich weiterhelfen werden.

## SCHRITT FÜR SCHRITT WEITERENTWICKELN

Der Begriff des »nachhaltigen Reisens« ist kaum in einem einzigen Satz zu beschreiben, da der Tourismus zwar Auswirkungen auf die Umwelt hat, aber auch Chancen und Risiken für unsere Gesellschaft birgt. Der Verzicht auf Plastikstrohhalme und eine $CO_2$-sparende Anreise sind nur der Anfang der Fahnenstange – es gibt Tausende Möglichkeiten, den eigenen Urlaub nachhaltiger zu gestalten. Wenn ich an meine früheren unbewussten »Ballermann-Eskapaden« mit unserer Fußballmannschaft zurückdenke und sie mit meinen heutigen Reisen vergleiche, stellen sich mir glatt die Nackenhaare auf. Das war sicher eine witzige Zeit, aber alles andere als ein erholsamer, erlebnisreicher Natururlaub. Immerhin wird mir bei den Gedanken darüber schlussendlich bewusst, wie positiv ich mein Reiseverhalten im Laufe der Zeit anpassen konnte. Mache dir deshalb an dieser Stelle ebenfalls ruhig noch einmal klar, dass nachhaltiges Reisen kein kräftezehrender Sprint, sondern ein relativ entspannter Marathon ist, bei dem wir uns gemeinsam Schritt für Schritt verbessern. Wenn du schon länger läufst, während andere gerade in den Startlöchern stehen, wirst du mit Sicherheit auch einige Zeilen in diesem Buch finden, mit denen du schon vertraut bist. Das ist großartig – denn dann konntest du dein Wissen sicher schon nutzen, um anderen davon zu erzählen. Vielleicht wird es bei der Lektüre dieses Buches in deinem Kopf auch ab und zu einem »Na ja, es kommt darauf an«- oder »Das hat er doch schon gesagt«-Moment kommen – daran erkennst du, dass es für mich ein ziemlicher Drahtseilakt ist, das Buch auf verschiedenste Reisemöglichkeiten gleichmäßig zuzuschneiden. Betrachte die Ratschläge zum nachhaltigen Reisen deshalb einfach in ihrer Gesamtheit und nutze sie, um dich selbst und auch andere Menschen – natürlich ohne mit dem Finger auf sie zu zeigen – auf sympathische Weise Schritt für Schritt zu nachhaltigen Urlaubern zu machen.

# NACHHALTIG EINSTEIGEN: TIPPS & TRICKS

**Bequemlichkeit ablegen:** »Im Urlaub kann man das mal machen.« Das ist natürlich ein sehr einfach gestricktes Argument, das einem aus Bequemlichkeit auf Reisen schnell einmal über die Lippen kommt. Wenn du nachhaltig reisen möchtest, solltest du es aber über Bord kippen und beispielsweise genauso ressourcenschonend handeln, wie du es auch bei dir zu Hause tust.

**Hauptsaison meiden:** Die Saisonalität ist eines der größten Probleme des Tourismus – auch im Frühjahr, Herbst und Winter sind viele Urlaubsziele großartig und eben nicht so überlaufen wie zur Hochsaison. Wenn du die Chance hast, diese »Hightime« zu umgehen, dann solltest du sie nutzen, um dich ein bisschen aus den Touristenmassen herauszunehmen.

**Reiseziele aus »zweiter Reihe« wählen:** Wirf einen Blick über den Tellerrand und besuche einmal weniger Paris und stattdessen einmal mehr Bordeaux oder Lyon. Diese Städte haben auch ihre Reize – vor allem, da sie nicht so sehr durch den Tourismus überlastet sind.

**Massentourismus vermeiden:** Wenn an einem Reiseort deutlich mehr Touristen unterkommen, als Einheimische leben, dann ist das in den meisten Fällen ein klares Zeichen für Massentourismus. Hinterfrage dahingehend den Zweck deiner Reise und weiche gegebenenfalls auf ein Reiseziel aus, an dem »langsames Reisen« tendenziell eher möglich ist.

**Sich wie ein Gast verhalten:** Ich finde es extrem wichtig, dass man sich bewusst ist, ein Gast in einem anderen Land zu sein. Verhalte dich deshalb immer so, wie du es auch von anderen erwarten würdest. Stelle dich nach Möglichkeit auf besondere Gepflogenheiten der Menschen in deinem Reiseland ein, um Fettnäpfchen zu umgehen.

**Akzeptieren, nicht alles sehen zu müssen:** Nur weil ein Ort für einen kurzen Moment ein schönes Fotomotiv bietet, heißt das nicht, dass du ihn mit eigenen Augen gesehen haben musst. Reiseziele sollten keine Checkliste zum schnellen Abhaken, sondern einzigartige Erlebnisse bieten, an die du dich noch dein ganzes Leben erinnerst.

**Nicht ungefragt Fotos von anderen machen:** Ungefragt Bilder solltest du nur von dir selbst machen. Zeige Respekt und frage deshalb mit einer freundlichen Geste um Erlaubnis, bevor du andere Personen fotografierst und die Bilder im Internet teilst.

**An Regeln halten:** Damit Tourismus nicht völlig aus den Bahnen gerät, gelten an den unterschiedlichsten Orten unterschiedlichste Vorschriften. Halte dich zum Beispiel in Skigebieten an die Schutz- und Sperrzonen oder bei einer Selbstfahrersafari an die maximale Höchstgeschwindigkeit. Und wenn gewisse Regeln nicht nach deinem Gusto sind, weil sie zum Beispiel zu einem Missstand führen, dann brich sie nicht, sondern versuche, sie auf positive Weise zu verändern.

**Naturlandschaften hinterlassen, wie sie vorgefunden wurden ...:** ... oder gar als ein noch besserer Ort. Wenn du deine Zelte für einige Tage an einem Fluss aufgeschlagen hast, dann solltest du anschließend im besten Fall nicht mehr erkennen können, dass du da warst. Verzichte darauf, ein Feuer in der freien Natur zu entfachen. Respekt und Wertschätzung für die Umwelt statt plattgetrampelter Pflanzen und Müll. Wenn du Müll von anderen in der Natur siehst, dann sammle ihn ein und sorge dafür, dass die Landschaft am Ende sogar noch schöner ist als vor deiner Ankunft.

**Nein sagen:** Vielen Menschen fällt das schwer - vor allem in lästigen Situationen am Strand oder am Touristen-Hotspot, wo man einen Party-Flyer aus Bequemlichkeit lieber annimmt und anschließend in die Tonne wirft, anstatt Nein zu sagen. Doch durch höfliches Ablehnen bleibst du umweltfreundlich. Du brauchst wie gesagt auch nicht jeden Tag frische Handtücher im Hotel. Lerne, nicht alles in Anspruch zu nehmen, was dir angeboten wird, und gib deinem Gegenüber freundlich zu verstehen, wenn du etwas nicht benötigst, um dadurch natürliche Ressourcen zu schonen.

# ICH WÜRDE JA GERN NACHHALTIG REISEN, ABER …

**»… das ist doch nur was für Ökos!«**
Dieses Schubladendenken ist echt nicht mehr zeitgemäß. Immer mehr Menschen aus den unterschiedlichsten Kreisen reisen umweltbewusst. Klar, ich denke auch, dass jeder Mensch für sich selbst entscheiden sollte, auf welche Art und Weise er unterwegs ist. Doch umweltfreundliches Verhalten auf Reisen auf Ökos abzuwälzen und damit zu rechtfertigen, dass man es selbst nicht tun muss, ist etwas zu einfach. Was spricht dagegen, in anderen Ländern bewusst Müll zu vermeiden, die einheimische Küche zu genießen und andere Kulturen zu respektieren? In Deutschland erwarten wir es doch genauso von internationalen Touristen oder auch Flüchtlingen – und in den eigenen vier Wänden sowieso. Nachhaltiges Reisen ist viel umfangreicher, als du glaubst – es fördert deine Persönlichkeit und räumt mit genau solchen Vorurteilen auf.

**»… dafür muss ich auf das Fliegen verzichten.«**
Nein, du kannst natürlich auch weiterhin fliegen. Wichtig ist neben der Häufigkeit aber vor allem ein gesundes Verhältnis zwischen Reisedistanz und Reisedauer. Es ist beispielsweise wenig nachhaltig, für zwei Tage nach Mallorca zu fliegen, um dort am Strand zu liegen. Aber wenn du beispielsweise für zwei oder drei Wochen in die indische Kultur eintauchen willst, spricht nichts dagegen. Nachhaltiges Reisen bezieht sich außerdem auf so viel mehr als nur ein vertretbares Maß an jährlichen Flugkilometern. Es geht vor allem um dein persönliches Verhalten auf der Reise. Tipps wie Mehrweg- statt Einwegprodukte zu verwenden

und kurze Strecken lieber mit dem Fahrrad als mit dem Auto zu fahren, sind leicht umsetzbar und haben einen umso stärkeren positiven Effekt auf unsere Umwelt.

### »… in einem Land wie Indonesien lässt sich kein Plastikmüll vermeiden, da ist alles voll davon!«

Stimmt, Indonesien hat ein extremes Plastikmüllproblem – und viele andere Länder auch. Dennoch ist es nicht der richtige Weg, diese Problematik eines Landes als Ausrede dafür zu nutzen, selbst nicht auf Müllvermeidung zu achten. Gerade weil du weißt, vor welch große Herausforderungen der nicht biologisch abbaubare Plastikmüll die Einheimischen stellt, solltest du ihn so gut es geht vermeiden. Ich sage bewusst »so gut es geht« – denn du musst nicht das Musterbeispiel für Müllvermeidung auf Reisen sein. Es wird für dich aber wirklich alles andere als eine Herausforderung sein, deine Einkäufe in einem Rucksack statt in einer Plastiktüte zu transportieren und bei der Bestellung eines Cocktails zu sagen, dass du ihn gerne ohne Plastikstrohhalm trinken möchtest. Da bin ich mir sicher. Es ist einfach wichtig zu verstehen, dass es in manchen Ländern noch nicht so lange »bequeme« Kunststoffprodukte gibt wie bei uns – und dass du bei einem gleichgültigen Verhalten selbst Teil des Problems bist.

# REISEPLANUNG

»Das wichtigste Stück des Reisegepäcks ist und bleibt ein fröhliches Herz.«

HERMANN LÖNS

## Zahlen & Fakten:

- Im Jahr 2018 unternahmen 2,2 Millionen Deutsche eine Kreuzfahrt – und sind damit an der Spitze. Unter den europäischen Ländern machten nur die Briten annähernd so viele Kreuzfahrten – 2 Millionen.[45]
- 90 Prozent der Menschen auf unserer Erde haben noch niemals ein Flugzeug von innen gesehen.[46]
- Bei einem zweiwöchigen All-inclusive-Urlaub in Mexiko werden für zwei Personen durch An- und Abreise, Unterkunft, Verpflegung und Aktivitäten vor Ort etwa 7218 Kilogramm $CO_2$ ausgestoßen.[47]
- Deutsche machen etwa 70 Millionen Urlaubsreisen pro Jahr.[48]
- Im Jahr 2018 war Frankreich mit 93,6 Millionen Besuchern das beliebteste internationale Reiseziel.[49]
- Der durchschnittliche Ticketpreis im weltweiten Luftverkehr lag im Jahr 2011 noch bei 549 Euro. Im Jahr 2018 mussten Passagiere durchschnittlich nur noch 331 Euro zahlen.[50]
- Im Jahr 2009 wurden umgerechnet weltweit 327 Milliarden Euro Umsatz durch Passagiere im Flugverkehr erzielt. Nur zehn Jahre später sind es etwa 500 Milliarden Euro.[51]
- In 177 Länder kann man mit dem deutschen Reisepass ohne Visum einreisen.[52]
- Die weltweiten Einkünfte aus dem Tourismus lagen im Jahr 2017 weltweit bereits bei umgerechnet 1180 Milliarden Euro. Zehn Jahre zuvor waren es noch etwa 783 Milliarden Euro.[53]

Jetzt, wo das »Warum überhaupt?« geklärt ist, geht's ans Eingemachte. Wohin geht die Reise? Was will man erleben? Will man allein, zu zweit oder mit einer ganzen Gruppe reisen? Wie reist man hin und zurück? Low-Budget oder Luxus? Geschäftlich oder privat? Selbstfindungsreise oder Partyurlaub? Städtereise oder mehrwöchiger Entspannungsurlaub? Spontan oder durchorganisiert? Was muss ich einpacken? Ahhhh ... Fragen über Fragen.

Von der Entscheidung für die Reiseart bis zum Schlüsselumdrehen beim Verlassen der Wohnung schlummert jedenfalls ein enormes Potenzial. Und das Buffet der Reisemöglichkeiten ist reich gedeckt. Umso genauer muss man bei der Suche nach den richtigen Stellschrauben zur Erhöhung der Nachhaltigkeit der eigenen Reise hinsehen. Die Umwelt- und Sozialverträglichkeit deines Urlaubs kannst du, wie du weißt, schon bei der Buchung deiner Reise beeinflussen, indem du bewusst darauf achtest, dass ein möglichst großer Teil deiner Ausgaben für Unterkünfte, Touren und anderen schon im Voraus gebuchten Aktivitäten den Einheimischen im Reiseland zugutekommt. Natürlich ist die Reiseplanung auch deshalb etwas, das jeder individuell für sich selbst übernehmen und abstimmen muss. Betrachte dabei jedes Reiseziel wie ein leeres Blatt Papier, auf dem du nach und nach die in Erfüllung gegangenen Träume und Wünsche zeichnen kannst, die sich bei deiner Reise erfüllt haben. Und egal, ob du deine Reise allein antrittst oder nicht: Am Ende reist du niemals allein, da überall auf der Welt großartige Menschen darauf warten, dich kennenzulernen.

# REISEART

Ich habe das Gefühl, dass viele Menschen Urlaub ausschließlich als Chance betrachten, »für eine kurze Zeit in ein exotisches Reiseland zu fliehen«. Dabei ist es viel mehr als das. Bei der Vielfalt von Reisemöglichkeiten, die es gibt, müssen wir unbedingt ein »Out-of-the-Box-Denken« entwickeln. Urlaub schafft Erholung, Urlaub schafft Erlebnisse und Freundschaften. Urlaub ist unter Umständen auch eine Belastung für Umwelt und Gesellschaft. Urlaub ist auch ein Privileg – denn nur die wenigsten Menschen können es sich sowohl aus zeitlichen, aber auch aus finanziellen Gründen überhaupt leisten, andere Länder zu besuchen. Mit diesem Bewusstsein im Hinterkopf kannst du dich gezielter für die Form deiner nächsten Reise entscheiden. Möchtest du ein Abenteuer erleben? Oder brauchst du etwas Erholung? Möchtest du neue Menschen und Kulturen oder einzigartige Naturschauplätze entdecken? Zielst du eher darauf ab, dich selbst zu finden? Oder präferierst du eine Extremreise à la »Der Weg ist das Ziel«? Du solltest deine Entscheidung auch davon abhängig machen, was dir gerade am meisten weiterhilft. Wenn du im Moment eine stressige Phase durchmachst, kann ein erholsamer Strandurlaub dem Problem zum Beispiel effektiv entgegenwirken. Im nächsten Schritt stellst du dir dann die Frage: Kann ich diese Erholung auch in Deutschland oder Europa bekommen? Die Antwort ist Ja – Rügen, Plau am See oder Genua bieten sich an – und schließen unnötig weit entfernte und im Grunde nur mit dem Flugzeug erreichbare Reiseziele aus.

Unter die Überschrift der Reiseart fällt für mich jedoch nicht nur das Was, sondern auch das Wann. In der Nebensaison ist der geplante Urlaub meist nicht nur günstiger; Reisen fernab der Hauptsaison tragen durch eine bessere Auslastung der Infrastruktur des Reiseziels auch zum Umweltschutz bei. Ob entspannter Strandurlaub oder aufregender Segeltörn - mache dir im Vorfeld deiner Reise einfach bewusst, welchen Zweck sie erfüllen soll und zu welchem Zeitpunkt die Umweltbelastung durch den Tourismus bei deinem Vorhaben möglichst nicht gerade auf dem Zenit ist. Mache dir bewusst: Das Ziel deiner Reise ist das, was du damit bezwecken und erreichen möchtest - und das Reiseziel ist der Ort, an den du reist.

**Nachhaltigkeit von Last-minute-Angeboten**

Grundsätzlich führt diese Art des Urlaubs dazu, dass leere Restplätze im Flugzeug oder in Unterkünften besetzt werden. Der Vorteil ist also die bessere Auslastung und der damit geringere $CO_2$-Ausstoß pro Person. Der Nachteil ist jedoch, dass man bei einer so kurzen Vorbereitungszeit weniger Chancen hat, eine möglichst umweltfreundliche und sozial verantwortungsvolle Reise zu planen. Zudem erhöht man unter Umständen - auch wenn die höhere Auslastung kurzfristig nachhaltig sein mag - die Nachfrage für eher umweltbelastende Urlaubsangebote.

# DOS

Hier möchte ich dir noch einen Schub Inspiration für deine nächste Reise geben. Das sind bei Weitem nicht alle Reisearten, die es gibt, aber einige, die mit einem nachhaltigen Urlaub gut vereinbar sind.

## INSPIRATIONEN FÜR NACHHALTIGE REISEARTEN

**Abenteuerreise:** Eine Wanderung in den Westfjorden Islands oder auf dem schwedischen Kungsleden? Bungee-Jumping und Paragliding am Tafelberg? Oder eine Rundreise durch ganz Indien mit dem Zug? Jeder definiert echte Abenteuer etwas anders. Doch eins ist ziemlich klar: Abenteuer beginnen erst dann, wenn Pläne enden. Wenn du also Lust auf einzigartige Erlebnisse hast, dann solltest du dich etwas von durchorganisierten Urlaubsangeboten distanzieren und nur das Nötigste im Voraus planen. Bei konventionellen Anbietern macht das deine Reise im Regelfall auch umweltfreundlicher.

**Erholungsurlaub:** Ob aktiver Gesundheitsurlaub, klassische Stranderholung, Yoga und Meditation oder einfach nur Quality Time mit Familie, ob Ayurveda-Kur auf Sri Lanka, eine Wanderung durch Rügen oder kulinarischer Wellnessurlaub in der Bretagne – entspannende Erholungsreisen gehören zu den beliebtesten Reisearten. Besonders wirkungsvoll sind die Orte unseres Planeten, die dir bewusst machen, wie winzig klein deine eigenen Ängste und Sorgen eigentlich sind.

**Städtereise:** München, Mailand, Madrid oder Manila? Artefakte in Athen oder Ajax in der Johan-Cruyff-Arena in Amsterdam? Die Erkundung von Städten, Menschen, Kulturen und kulinarischen Köstlichkeiten ist etwas, wonach die meisten Menschen streben. Ob du vor Ort Freunde besuchst oder einfach Neues entdecken möchtest – das spielt für die Nachhaltigkeit deiner Reise kaum eine Rolle. Doch grundsätzlich gilt bei Städtereisen: Je weiter dein Reiseziel entfernt ist, desto länger solltest du auch vor Ort bleiben.

**Weltreise:** Wenn du für einige Monate um die Welt reisen und möglichst viele unterschiedliche und einzigartige Reiseerlebnisse machen willst, kannst du das unter Berücksichtigung der Grundsätze des nachhaltigen Reisens auch umweltfreundlich tun. Zum Beispiel, indem du als Backpacker viele Strecken über Land mit Zug oder Bus zurücklegst, den eigenen Rucksack möglichst minimalistisch packst, in lokalen Hostels übernachtest und regionales Streetfood genießt.

**Free Camping:** Das »wilde Campen« ist Camping in seiner absoluten Ursprungsform. Du schnappst dir ein Zelt und machst es dir dort gemütlich, wo es dir gefällt.
Das funktioniert jedoch nur in den skandinavischen Ländern, Schottland und der Schweiz, da dort das sogenannte Jedermannsrecht uneingeschränkt gilt. Wie wäre es zum Beispiel mit Radwandern durch Norwegen? Auch mit einem umweltfreundlichen Camper-Van und einer entsprechenden, minimalistischen, müllvermeidenden und entsprechend dem Reiseland

regelkonformen Einstellung wird das Free Camping zu einem echten, nachhaltigen Naturerlebnis. Nutze die Freiheit außerdem, um die touristischen Ballungszentren zu entlasten.

**Segelreise:** Auf dem Segelboot angetrieben durch den Wind auf der Ostsee von Rostock nach Kopenhagen und zurück? Oder ein entspannter Segeltörn im Golf von Neapel? Selbst organisiert oder gebucht bei einem Reiseanbieter? Solange der Wind mitspielt, ist das Segeln die umweltfreundlichste Art, sich schnell auf dem Wasser fortzubewegen. Gerade die leichte Ungewissheit, mögliche spontane Kursänderungen und das ständige Rauschen des Meeres machen das Segeln so besonders und bieten dir eine unglaublich große Chance auf einzigartige Reiseerlebnisse.

**Wwoofing:** Reisen und gleichzeitig auf Bauernhöfen und Farmen helfen, um sich den Aufenthalt vor Ort leisten zu können, ist vor allem etwas für naturverbundene Weltenbummler. Mit dem Prinzip des Wwoofings kannst du jederzeit und ohne große Ersparnisse fast alle Länder dieser Erde erkunden, tief in die Kultur eines Landes eintauchen und die Menschen hautnah erleben. Für die meisten ist Wwoofing (Abkürzung für »World-Wide Opportunities on Organic Farms«) vielleicht kein »echter Urlaub«, weil die Arbeit auf Bauernhöfen oft körperliche Anstrengung bedeutet. Wenn du aber für wenig Geld eine untypische, aber erfahrungsreiche und nachhaltige Reise machen möchtest, solltest du es ausprobieren.

**Crazy Travel:** Dieser Begriff steht vielleicht nicht im Duden – doch er beschreibt für mich ein Reisevorhaben, bei dem du etwas sehr Extremes machst und so später die mitreißendsten Geschichten zu erzählen hast. Fahre zum Beispiel mit dem Fahrrad von München bis nach Singapur, mit einem Frachtschiff von Hamburg bis nach Halifax, reise per Anhalter vom Ruhrgebiet bis nach Moskau oder kämpfe dich von Berlin zu Fuß bis zum Nordkap. Auch am Reiseziel, aber vor allem auf dem Weg dorthin entwickelst du Persönlichkeit – und verzichtest gleichzeitig auf klimaschädliche Flugreisen.

## DON'TS

Selbstverständlich gibt es auch Reisearten, die zwar sehr beliebt, aber in ihrer konventionellen Form leider alles andere als umwelt- und sozialverträglich sind. Hier sind vier Reisearten, die du besser vermeiden solltest.

### NO-GOS UNTER DEN REISEARTEN

**Kreuzfahrt:** So bequem und günstig eine Kreuzfahrt auch sein mag, sind die Luxus-Liner heutzutage leider nur schwimmende Verbrennungsanlagen für Sondermüll. In der Regel werden sie mit Schweröl und ohne Schadstofffilter angetrieben. Der abgelagerte Ruß heizt das Klima in der Arktis auf. An nur einem Tag stößt ein einziges Kreuzfahrtschiff 477 Tonnen $CO_2$ aus.[54] In nur einer Woche schadet man dem Klima damit so stark wie durch ein ganzes Jahr Auto fahren[55], um am Ende auf einem durchorganisierten Touristendorf mit der minimalsten Chance auf echte Erlebnisse über die Weltmeere zu schippern. Zudem wird die Wirtschaft in den Anlegeorten wenig gefördert, da meist auf dem Schiff geschlafen und gegessen wird. Mit den Folgen einer Kreuzfahrt müssen sich also schlussendlich vor allem Umwelt und Einheimische herumärgern.

**Reiner Partyurlaub:** Als 18-Jähriger habe ich noch anders über Trinkpartys auf Mallorca gedacht – das muss ich ehrlicherweise zugeben. Doch nüchtern betrachtet wurde damals für mich $CO_2$ ausgestoßen, um mich auf eine Insel zu bringen, auf der ich literweise Bier aus Plastikbechern trinken konnte – und um mich nach meinem Delirium dann irgendwann wieder nach Hause zu fliegen. Die Problematik an dieser Form des Massentourismus habe ich glücklicherweise ein paar Jahre später begriffen: Sie ist weder nachhaltig noch erholsam und sollte für niemanden das Ziel einer Reise sein.

**All-inclusive-Reise:** Nur die wenigsten Anbieter von All-inclusive-Reisen achten darauf, dass die lokale Bevölkerung am Reiseziel einen großen Teil der Tourismustorte abbekommt. Stattdessen werden bei dieser bequemen Form des Urlaubs vor allem internationale Partner gefördert. Grundsätzlich zeichnen sich All-inclusive-Urlaube durch schlechte Arbeitsbedingungen und anfallende Abfallberge aus dem Massentourismus aus.[56] Es liegt in der Natur dieser Urlaubsform, dass viel zu viele Lebensmittel angeboten

und deshalb am Ende auch weggeworfen werden. Weil es keine Extrakosten gibt, wird man als Urlauber sogar dazu verleitet, einfach grundsätzlich mehr auf den Teller zu legen, als man essen kann.

**Ski-Tourismus ohne echten Schnee:** Ich spreche mich nicht per se gegen das Skifahren aus, aber möchte dieses Beispiel gerne nutzen, um ein Exempel zu statuieren: Wenn eine Urlaubsform an einem Ort naturgemäß nicht mehr möglich ist, dann sollte man ihr auch nicht nachgehen. Den Feldberg im Schwarzwald oder den Ernstberg in der Eifel hinunterzuheizen, ist bereits heutzutage ohne künstlichen Schnee im Grunde nicht mehr möglich. Leider gefährdet Kunstschnee die Böden im Skigebiet, da er nicht so luftdurchlässig ist wie natürlicher Schnee und zusätzliches Schmelzwasser entstehen lässt. Zudem erzeugen die dauerhaft laufenden Schneekanonen einen enormen Wasser- und Stromverbrauch.[57] Heutzutage ist sogar das Skifahren in wärmeren Gefilden, etwa in energieintensiven Skihallen in Dubai, möglich – doch dies lässt sich eben absolut nicht mit einer nachhaltigen Reise verbinden.

# Reiseziel

Eigentlich wollte ich in diesem Buch versuchen, dir ausschließlich Inspirationen zu zeigen und keine konkreten Unterkünfte oder Reiseziele zu empfehlen, um mich ein bisschen von den typischen Travel-Influencern abzuheben. Denn so nachhaltig sie auch denken mögen, am Ende sorgen sie dafür, dass mehr Menschen an ein bestimmtes Reiseziel fliegen. Erinnere dich an die eingangs beschriebene »Mohnfeld-Problematik«: Je mehr Menschen einen Urlaubsort ansteuern, desto höher ist auch die Gefahr dafür, dass er durch den Massentourismus zerstört wird. Einen gesunden Grundstein legst du deshalb mit Sicherheit, wenn du dorthin verreist, wo sich nicht gerade täglich Tausende Touristen die Klinke in die Hand drücken. Auch die Tatsache, dass dein Reiseziel möglichst unkompliziert und nachhaltig erreichbar ist – also zum Beispiel mit der Bahn anstatt mit dem Flugzeug –, verschafft dir einfachste Möglichkeiten, um unsere Umwelt durch deine Art des Reisens nicht oder deutlich weniger zu belasten. Zudem solltest du wie gesagt das Verhältnis zwischen Reisedistanz und Reisedauer mit Bedacht wählen. Je weiter du für deinen Urlaub fliegen musst, desto länger solltest du auch Zeit haben, um das Reiseland erleben zu können.

## Destinationslebenszyklus

Um die Überlastung eines Reiseziels nicht zu verstärken, kannst du es vor deiner finalen Entscheidung noch in den Destinationslebenszyklus[58] einordnen. Dieser beschreibt die Entwicklungsphasen eines Urlaubsortes von seiner Entdeckung bis hin zu weltweiter Beliebtheit. Sobald du mehr über dein Reiseziel weißt, kannst du es einer der folgenden Phasen zuordnen:

- **Erkundung:** Naturbelassenheit, Pioniertouristen, keine Tourismusinfrastruktur
- **Erschließung:** Aufbau einer Tourismusinfrastruktur, steigende Touristenzahl
- **Entwicklung:** funktionierende Tourismusinfrastruktur, Werbung, Massentourismus, Umweltbelastung
- **Konsolidierung/Stagnation:** Touristenanzahl steigt nicht so stark, Platzmangel, Müllprobleme, soziale Konflikte

Was sich jetzt für dich vielleicht ein bisschen anfühlt wie im Erdkundeunterricht, kann dir tatsächlich dabei helfen, gezielt gerade die Reiseziele anzusteuern, an denen die touristische Tragfähigkeit noch nicht erreicht ist.

Aber ich weiß natürlich auch, dass Praxisnähe meist einen langfristig lehrreichen Effekt erzeugt. Deshalb möchte ich dir hier anhand einiger Beispiele für Urlaubsregionen sowohl No-Gos als auch eine ganze Bandbreite von Inspirationen für deinen nachhaltigen Urlaub mit an die Hand geben – und Tipps, wie du die zu dir passende Reise findest. Ich sage dir aber auch ganz bewusst: Du musst keinen dieser Orte bereisen. Vielleicht helfen dir die Informationen jedoch dabei, die Suche nach deinem finalen Reiseziel noch einmal aus einem anderen Blickwinkel zu betrachten.

**Die besten Urlaubsländer für Vegetarier und Veganer**

Es gibt tatsächlich Länder, in denen man der fleisch- und tierleidfreien, umweltfreundlichen Ernährung sehr einfach nachgehen kann. Die Tierrechtsorganisation PETA hebt diesbezüglich zum Beispiel Großbritannien aufgrund der schnell wachsenden veganen Bewegung vor Ort, Israel aufgrund der landestypischen veganen Speisen wie Hummus, Falafel und Couscous oder Rumänien aufgrund der ausschließlich veganen Küche während der Fastenzeit hervor. Auch Italien, Griechenland, Polen und Deutschland schneiden bei der Bewertung sehr gut ab.[59]

## DOS

In diesem Abschnitt nenne ich dir einige Plätzchen auf unserem einzigartigen Planeten, die du ruhigen Gewissens bereisen kannst. Es sind spektakuläre Reiseziele in Deutschland und Europa, die aber noch nicht täglich weiterempfohlen und gehypt werden. Ich will dich hier nicht mit Informationen überladen, sondern dir einen Denkanstoß dafür geben, dass es auch abseits von Reisekatalogen, Blogposts und Instagram-Empfehlungen fantastische Orte zu entdecken gibt – und das sogar in deiner Nähe.

# INSPIRATIONEN FÜR NACHHALTIGE REISE-ZIELE

**Kochel am See, Bayern:** Auf dem Weg zur Spitze des 1731 Meter hohen Herzogstands hört man das ständige Glockenläuten der Almkühe und kann, ganz nebenbei, das kristallklare, azurblaue Wasser des Kochelsees beobachten.

**Schermützelsee, Brandenburg:** Auf einer Strecke von 7,5 Kilometern rund um den ruhigen und wunderschönen Schermützelsee kannst du bei etwa 90 Metern Höhenunterschied eine entspannte Wanderung erleben, die sich auch ideal für einen spontanen Wochenendausflug im Berliner Umland eignet und sehr bequem mit Bus & Bahn zu erreichen ist.

**Elbsandsteingebirge, Deutschland/ Tschechien:** Früher habe ich einfach nicht gewusst, dass sich eine so einzigartige Gebirgslandschaft im Prinzip direkt vor unserer Haustür befindet. Durch die Nationalparks Sächsische und Böhmische Schweiz bis zum Prebischtor oder die Bastei aufzusteigen, ist einfach ein einzigartiges Naturerlebnis.

**Harzer Hexen-Stieg, Niedersachsen:** Auf dem etwa 100 Kilometer langen Wanderweg über den 1141 Meter hohen Brocken lässt sich der großartige Ausblick auf die malerische Naturlandschaft des Harzes genießen. Der beliebte Startpunkt Osterode lässt sich zudem sehr bequem mit der Bahn erreichen.

**Werfenweng, Österreich:** Die österreichische Gemeinde gehört mit ihrer Initiative für sanfte Mobilität (kurz: »Samo«) zu den Vorreitern des nachhaltigen Tourismus. Wer hier mit dem Zug anreist, genießt Vorteile in der Region, zum Beispiel bei der Ausleihe von Elektrofahrrädern. So lassen sich die wunderschönen Alpendörfer auch vor Ort bequem und günstig ohne eigenes Auto erkunden.

**Nancy, Frankreich:** Nur wenige Zugstunden von Deutschland entfernt liegt die historische Stadt Nancy. Das UNESCO-Welterbe wird von so manchem auch als »kleines Paris« bezeichnet und bietet die Chance auf eine umweltfreundliche Reise in eine Stadt, die viel zu bieten hat und ohne Massentourismus auskommt.

## DON'TS

Wie bereits angedeutet gibt es aber auch einzigartige Orte auf dieser Erde, die durch den Tourismus »übernutzt« wurden. Dass es dazu kommt, dürfte bei einer Steigerungsrate des weltweiten Tourismus von etwa 4 Prozent pro Jahr[60] eigentlich niemanden überraschen. Hier sind einige begründete Beispiele, die dir zeigen werden, woran du überlastete Reiseziele grundsätzlich erkennen und schlussendlich auch in ihrer »Hightime« entlasten kannst.

### NO-GOS BEI DEN REISEZIELEN

**Venedig, Italien:** Mit Booten, Bussen, Zügen, Kreuzfahrtschiffen und Flugzeugen tingeln täglich etwa 100 000 Touristen durch die wunderschöne Hafenstadt Venedig.61 Venedig ist jedoch mit nur 59 000 Einwohnern eine sehr kleine und enge Stadt, die kaum Chancen hat, den Tourismus auf ihre Randzonen zu dezentralisieren. Die trampelnden Menschenmassen, der steigende Wasserspiegel und die dauerhaften Wellenbewegungen an den Gemäuern fressen an den Fassaden der historischen Gebäude. Die Stadt ist in beinahe jeder Hinsicht einzigartig und schützenswert – leider ist sie heute ein Musterbeispiel dafür, wie der neumoderne »Instagram-

Hashtag-Sensationstourismus«, wie ich ihn liebevoll nenne, ein Reiseziel überlasten kann.

**Mallorca, Spanien:** Fast 30 Millionen Passagiere landen jährlich am Flughafen in Palma de Mallorca.[62] Es ist besonders der Partytourismus, der sie anzieht. Verschmutzte und überfüllte Strände und Grünflächen, Lärmbelästigung, Luftverschmutzung sowie die Gentrifizierung der urbanen Räume und die Zerstörung von mallorquinischen Traditionen gehören zu den Auswirkungen. Der überlastende Massentourismus vor Ort bedeutet für die Einheimischen zudem schlechtere Arbeitsbedingungen und einen Mangel an gewöhnlichem Wohnraum. Auch in Barcelona herrschen ähnliche Verhältnisse, die bei den Einheimischen für Unmut sorgen und mich heutzutage dazu bewegen, andere Reiseziele anzusteuern.[63]

**Sölden, Österreich:** 2,2 Millionen Urlauber im Jahr zählt das beliebte Alpen-Skigebiet – dabei leben dort nur 3000 Menschen.64 Der Massentourismus hat die Gemeinde im Ötztal zersiedelt, das Landschaftsbild nach und nach zerstört und die

Tierwelt verdrängt. Riesige Hotels statt Berghütten. Liftanlagen und Après-Ski-Partys statt idyllischer Berglandschaft. Entsorgungsprobleme, Straßen, Tunnel und Brücken sowie erhöhte Lärm- und Abgasemissionen nahmen der Region die Attraktivität. Hinzu kommt die bekannte Problematik mit dem Kunstschnee und dem steigenden Energie- und Wasserverbrauch. Neben dem Ressourcenbedarf stieg vor Ort auch die Lawinengefahr.65 Das überlastete Skigebiet hat Zeit zur Erholung verdient.

**Angkor Wat, Kambodscha:** Schon im Jahr 2015 drängten sich etwa 2,1 Millionen Urlauber in die über 900 Jahre alte Tempelanlage, die eine offizielle UNESCO-Weltkulturerbestätte ist. Auf der Jagd nach den besten Fotomotiven werden hier regelmäßig Absperrungen und Vorgaben ignoriert. Die vielen Auszeichnungen als Top-Reisedestination lassen das Touristenaufkommen zusätzlich in die Höhe schnellen.[66] Die Folge: Die historischen Gemäuer bröckeln unter dem Massentourismus, der auch die Problematik des Wasser-

mangels vor Ort verschärft. Es gibt sicher Orte auf dieser Welt, die noch stärker unter einer hohen Touristenzahl leiden. Dennoch ist Angkor Wat ein gutes Beispiel dafür, dass überlaufene architektonische Sehenswürdigkeiten lieber für eine gewisse Zeit gemieden werden sollten.

**Bali, Indonesien:** Die tropische Insel der Götter bietet alles, was das Herz begehrt. Azurblaue Surfstrände, vielschichtige Vulkane, einzigartige Sonnenauf- und -untergänge und unbeschreiblich freundliche Menschen lockten allein 2018 rund 16 Millionen Touristen an.67 Die Überlastung der Insel durch den Massentourismus ist jedoch die Kehrseite der Medaille – schlechte Infrastruktur, Lärm und Abwasser. Dazu der Plastikmüll in allen Farben und Formen – bei jedem Schritt knistert es unter den eigenen Füßen. Ich war selbst drei Monate dort, um jeden Tag meines Aufenthalts dabei zu helfen, die Strände und Flüsse der Insel von den Plastikmüllmassen zu befreien. Zurzeit entwickelt sich langsam ein Bewusstsein – »vom großen Bananenblatt zur Plastiktüte und zurück« beschreibt den Wandel ganz gut. Um der Insel Zeit einzuräumen und den Tourismus vor Ort etwas zu entschleunigen, solltest du vorläufig andere Urlaubsalternativen bevorzugen.

**Alles kann, nichts muss**
Du musst jetzt kein schlechtes Gewissen bekommen, wenn du schon einmal an einem der Orte warst oder gerne dorthin möchtest. Diese Beispiele sollen dir lediglich eine Anregung dafür sein, durch den Tourismus überlastete Orte schneller zu erkennen. Am Ende ist der touristische Druck auf eine Destination auch immer eine Frage des Zeitpunktes, an dem du vor Ort bist.

## UNTERKÜNFTE

Die Hin- und Rückreise produziert bei einer Reise in aller Regel den Löwenanteil der $CO_2$-Emissionen. Auf den zweiten Platz kommen dann allerdings auch schon die Unterkünfte, in denen du während deines Aufenthaltes nächtigst. Das liegt unter anderem an Klimaanlagen, Wellnessbereichen mit beheizten Pools, Gartenbewässerungsanlagen oder einer imposanten Außenbeleuchtung. Das ist alles sicher sehr schön und angenehm - aber leider auch sehr ressourcenaufwendig. Überlege dir deshalb genau, was du brauchst und auf welche Dinge du eher verzichten kannst. Muss es ein internationales All-inclusive-, Luxus- oder Pauschalhotel sein? Nachhaltiger ist sicherlich ein flächensparendes Stadthotel oder eine von Einheimischen persönlich geführte und ressourcenschonende Eco-Lodge. Oder kannst du es dir auch abenteuerlich in einem Zelt bequem machen? Brauchst du eine eigene Küche – um dir zum Beispiel vegane und vegetarische Gerichte selbst zu zaubern? Und wie wäre es mit einer privaten Unterkunft - wäre das auch etwas für dich? Bio-Hotel, Apartment, Ferienwohnung, Bed & Breakfast, Ferienhaus, Holzhütte? Bei der Wahl der Unterkunft lohnt es sich in jedem Fall wieder, die eigenen Vorstellungen etwas zu hinterfragen. Ich kann dir in jedem Fall dazu raten, inhabergeführte Unterkünfte mit einem klarem Nachhaltigkeitsstatement zu bevorzugen, um deinen Plänen für die nachhaltige Reise nicht schon im Vorfeld Steine in den Weg zu legen. Auch wenn du deine Unterkünfte erst vor Ort anfragst, ist das unproblematisch umsetzbar – aus eigener Erfahrung kann ich dir das sogar empfehlen, da man dann auch mal auf überraschend starke Angebote stößt, die so nicht einmal ansatzweise im Internet zu finden sind. Schließlich hat nicht jeder Anbieter einen Internetzugang – und selbst wenn er online ist, weiß er vielleicht gar nicht, wie und wo man eine Unterkunft für internationale Gäste inseriert. Es lohnt sich also, vor Ort einfach mal ein bisschen herumzufragen.

Zu den Reiseportalen, auf denen du umweltfreundliche Unterkünfte findest, erfährst du im Kapitel »Anlaufstellen« auf Seite 81-84 noch einiges mehr.

Praxisnähe steigert die Vorfreude! Deshalb bekommst du hier noch einen Schuss begründete Inspiration für deine zukünftigen Reiseunterkünfte. Es gibt viele ausschlaggebende Argumente für empfehlenswerte Unterkünfte. Was also zeichnet eine nachhaltige Unterkunft aus?

- biologische, regionale & saisonale Küche,
- faire Arbeitsbedingungen,
- Familienbetrieb,
- Einsatz für soziale Projekte,
- offen zugängliche Unterkunft,
- nachhaltige Philosophie,
- Website zeigt Nachhaltigkeitskonzept,

- Motivation der Gäste zu nachhaltigem Verhalten,
- nachhaltige Bauweise,
- umweltfreundliche Pflegeartikel,
- Handtuchtausch nur auf Nachfrage,
- wassersparende WCs,
- Haushaltsgeräte Klasse A,
- Regenwasseraufbereitung,
- Wassersparhähne vorhanden,
- ursprüngliche Pflanzen im Garten,
- 100 Prozent Ökostrom,
- Energiesparkonzept,
- mit öffentlichen Verkehrsmitteln erreichbar,
- mehr als 80 Prozent Recycling,
- bewusste Müllvermeidung,
- eigener Permakulturgarten,
- hauseigene Wasser-Refill-Station,
- regenerative Energiegewinnung.

**Was passiert mit der Restseife?**

Viele Hotelgäste brauchen ihre Seifenstücke nicht auf. Um sie vor der Mülltonne zu bewahren, gibt es Initiativen wie die Non-Profit-Organisation *Clean the World*, die Seifenreste von Unterkünften sammeln, reinigen, pressen und in die Länder schicken, in denen Hygieneartikel Mangelware sind. Im deutschen Raum sammelt das Projekt *reBubble* Seifenreste aus Hotels in der Region Aachen und Köln, die dann von körperlich beeinträchtigten Menschen in der hauseigenen Werkstatt zu Hartseifenstücken verarbeitet werden.[68]

Sicher muss eine einzige Unterkunft nicht alle diese Kriterien erfüllen, aber die Richtung wird bei einem nachhaltig wirtschaftenden Betrieb durchaus erkennbar sein. Um das Ganze an dieser Stelle noch praktischer zu gestalten, möchte ich dir vier mustergültige Beispiele für eine nachhaltige Unterkunft vorstellen.

## INSPIRATIONEN FÜR NACHHALTIGE REISE-UNTERKÜNFTE

**Stranddorf Augustenhof in Grube, Schleswig-Holstein:** Unweit vor der deutschen Ostseeinsel Fehmarn auf einer großen und ruhig gelegenen Wiese, direkt hinter den Dünen, befindet sich das inhaber- und konsequent nachhaltig geführte Stranddorf Augustenhof. Seine 30 ökologischen Ferienhäuser fallen in der Lübecker Bucht schon von Weitem durch die begrünten Dächer auf. Die naturnahe Unterkunft zeichnet sich vor allem durch bewusste Müllvermeidung und eine hohe Recyclingquote, durch die Nutzung regenerativer Energien und das Angebot regionaler Lebensmittel sowie eine gute Erreichbarkeit mit den öffentlichen Verkehrsmitteln aus.

**Naturhaus in Oberammergau, Bayern:** Ein Musterbeispiel für nachhaltige Unterkünfte ist auch das Naturhaus im Ammergebirge südwestlich von München. Es wurde aus unbehandeltem Holz, Naturstein und Lehm aufgebaut und liefert einen einzigartigen Blick auf die Berge. Die Inhaber gehen vor allem mit einer eigenen Regenwasseraufbereitungsanlage für die Toilettenspülung und die Gartenbewässerung in Sachen Nachhaltigkeit voran. Als Gast kannst du hier aber auch schnell die bewusste Müllvermeidung, die ökologischen Reinigungsmittel und die Energiesparbeleuchtung erkennen.

**Knödl-Alm in Bad Mitterndorf, Österreich:** In der Steiermark kannst du deinen nachhaltigen Urlaub auf der Knödl-Alm verbringen und neben regionalen Bio-Leckereien absolute Ruhe genießen. Das umweltbewusst aufgebaute Landhaus setzt auf Ökostrom, energiesparende Technik sowie ein ökologisches Housekeeping und vermeidet Müll an allen Ecken und Enden. Wandere frei von Straßenlärm oder anderen Störfaktoren oder entspanne dich einfach an einem der beiden kristallklaren Bergseen in der fast unberührten Naturlandschaft.

**Singharaja Garden AGRO & ECO-Lodge, Sri Lanka:** Im Südwesten des wunderschönen Inselstaates Sri Lanka kannst du einzigartige und naturnahe Momente im Singharaja-Regenwald genießen. Diese Region ist nicht touristisch erschlossen, sodass du deine Zeit in der TourCert-zertifizierten Ecolodge das UNESCO-Weltnaturerbes in voller Pracht genießen kannst. Das gesamte Nachhaltigkeitskonzept der Unterkunft ist vorbildlich – Energie wird aus der hauseigenen Photovoltaik-Anlage gewonnen. Serviert werden biologische, regionale Köstlichkeiten unter der bewussten Reduzierung von Lebensmittelverschwendung.

## ANLAUFSTELLEN

Sobald du dein Reiseziel und deine Wünsche an die Unterkunft genauer definiert und vielleicht sogar finalisiert hast, kannst du im nächsten Schritt schon etwas mehr ins Detail gehen und dich – je nachdem, wie sehr deine Reise im Vorfeld organisiert sein soll – bei Urlaubsanbietern und Reiseportalen umsehen. Achte bei der Wahl des Anbieters darauf, dass das Unternehmen dahinter eine grundsätzlich nachhaltige Philosophie verfolgt. Wirf zum Beispiel einen Blick auf die Kooperationen eines Reisebüros. Wenn du darunter nachhaltige Reiseanbieter entdeckst, ist das meist ein gutes Zeichen. Nutze auch hier wieder die Grundregel des Hinterfragens: Hat der Reiseveranstalter den Kinderschutzkodex unterzeichnet, der sicherstellt, dass Kinder in Zusammenhang mit deiner Reise nicht ausgenutzt werden? Arbeitet der Veranstalter mit lokalen Unternehmen zusammen und zahlt er faire Löhne an seine Angestellten? Wurde er mit den wichtigsten Nachhaltigkeitssiegeln für touristische Betriebe ausgezeichnet? Falls du darüber nichts im Internet finden kannst, frag ruhig bei dem Anbieter direkt nach.

Die meisten großen und bekannten Buchungsportale haben leider nicht einmal einen Nachhaltigkeitsfilter für die Suchanfragen auf ihrer Plattform. Das ist zwar sehr schade, hat aber auf der anderen Seite dafür gesorgt, dass einige auf umweltfreundliches Reisen spezialisierte Alternativen aus dem Boden gestampft wurden. Ein paar davon möchte ich dir vorstellen.

## VERTRAUENSVOLLE PLATTFORMEN UND VERANSTALTER NACHHALTIGER REISEN

**bookitgreen:** Wenn du nachhaltige Hotels, Bio-Bauernhöfe, Campingplätze, Privatzimmer oder Ferienhäuser in Deutschland, Frankreich, Italien, Portugal oder Spanien suchst, dann bist du hier an der richtigen Adresse. Dir werden nur die Unterkünfte angezeigt, die Nachhaltigkeitskriterien wie »ökologische Reinigungsmittel«, »100 Prozent Ökostrom« oder »bewusste Müllvermeidung« erfüllen. Die grünen Blätter bei jedem Inserat zeigen dir auf den ersten Blick, wie umweltfreundlich die Unterkunft des jeweiligen Anbieters ist. **www.bookitgreen.com**

**bookdifferent:** Diese Plattform filtert die nachhaltigen Angebote von booking.com heraus und arbeitet dabei eng mit den bekanntesten Umweltsiegeln für die Tourismusbranche zusammen. Geachtet wird vor allem auf faire Arbeitsbedingungen, regionale Zusammenarbeit und den respektvollen Umgang mit Kultur und Natur. Ganze 50 Prozent der Buchungsgebühr spendet das Reiseportal zudem an eine von dir gewählte Hilfsorganisation. **www.bookdifferent.com**

**ecobnb:** Der Reisemarktplatz steht für »Urlaub im Einklang mit der Natur« und liefert dir Öko-Hotels und Agrotourismus-Angebote unter dem Gesichtspunkt der wichtigsten Nachhaltigkeitskriterien. Ob Bio-Bauernhöfe mit Wiederaufbereitungsanlagen von Regenwasser, Baumhäuser mit Energiesparlampen oder solarbetriebene Berghütten ohne $CO_2$-Emissionen – hier findest du einzigartige, nachhaltige Unterkünfte. **www.ecobnb.com**

**Airbnb:** Hier bekommst du ein Füllhorn an Möglichkeiten für persönliche Reiseerlebnisse, indem du in privaten Unterkünften auf der ganzen Welt nächtigst. Das Prinzip »Airbnb« reduziert den Energieverbrauch und die Müllproduktion von Reisenden enorm.69 Diese Plattform bietet dir jedoch nicht ausschließlich nachhaltige Unterkünfte. Es schleichen sich immer häufiger konventionelle Anbieter unter die eigentlich privaten Inserate. Bevor du buchst, solltest du also noch etwas genauer hinschauen und gegebenenfalls nachfragen. **www.airbnb.com**

**Anderswo:** Hier findest du »antiperfekte«, nachhaltige Reisen, die deinen Horizont erweitern, ohne dass du dabei auf Lebensqualität und Genuss verzichten müsstest. Fast schon automatisch nimmst du dabei Rücksicht auf Klima und Umwelt sowie andere Menschen und Kulturen.[70] Die Website bietet dir zudem eine einzigartige Inspirationsquelle für umweltfreundliche Regionen, Unterkünfte und Veranstalter deiner nächsten Reise. **www.wirsindanderswo.de**

**Forum anders reisen:** Hier reichen sich die nachhaltigen Reiseanbieter die Hand, denn sie alle haben das Ziel, eine Tourismusform zu schaffen, die langfristig ökologisch tragbar, wirtschaftlich machbar sowie ethisch und sozial gerecht für ortsansässige Gemeinschaften ist. Die Reiseangebote zeichnen sich allesamt durch eine ressourcenschonende, gewollt langsame und respektvolle Art aus und legen großen Wert auf die Achtung von

Menschenrechten und den Schutz von Kindern vor sexueller oder wirtschaftlicher Ausbeutung im Tourismus.[71] **www.forumandersreisen.de**

**ReNatour:** Hier stößt du vor allem auf naturnahe Wander-, Erlebnis- und Familienreisen zu wirklich günstigen Preisen und auf Unterkünfte, die auf faire und regionale Zusammenarbeit setzen. Das Reiseangebot erstreckt sich über ganz Europa – vom Planwagenurlaub in den französischen Vogesen bis hin zum Segeltörn in der Inselwelt der Kornaten in Kroatien. **www.renatour.de**

**Wikinger-Reisen:** Der vor allem für umweltfreundliche Wander- und Aktivreisen bekannte und schon 1969 gegründete Reiseanbieter ist TourCert-zertifiziert und neutralisiert den $CO_2$-Ausstoß der veranstalteten Reisen. Das Leitbild des Unternehmens ist geprägt durch eine ressourcenschonende, menschenrechtewahrende und mitarbeiterfördernde Einstellung. **www.wikinger-reisen.de**

**Unplanned:** Hier bekommst du eine maßgeschneiderte, einzigartige Reise, ohne vorher zu wissen, wohin es geht. Das ungewöhnliche Start-up-Unternehmen kompensiert zudem freiwillig den $CO_2$-Ausstoß der TourCert-zertifizierten Reisen und bietet Vergünstigungen bei der An- und Abreise mit dem Zug an. **www.unplanned.de**

**BUND-Reisen:** Hier bekommst du einzigartige Naturerlebnisse ganz ohne Flugreisen. Der Anbieter arbeitet zum Beispiel in enger Abstimmung mit der Deutschen Bahn oder Umweltverbänden wie dem NABU und dem BUND zusammen. Zu den Angeboten zählen Wanderreisen durch das untere Odertal, Tierbeobachtungen im Donaudelta bis hin zu Freiwilligenarbeit im Wattenmeer. **www.bund-reisen.de**

**Urlaub & Natur:** Die ökologischen Reiseangebote, die du hier bekommst, sind geprägt von einem respektvollen Umgang mit der Natur und der Kultur des Reiseziels und dem wirtschaftlichen Nutzen für die einheimische Bevölkerung. Da der Anbieter seine Partnerschaft mit Umweltschutzorganisationen pflegt, profitierst du z. B. von einzigartigen Naturerlebnissen bei Besuchen der WWF-Schutzprojekte. **www.urlaubundnatur.de**

## UMWELTSIEGEL

Ja, es gibt sie. Weltweit sogar mehr als 150 Stück an der Zahl: die Nachhaltigkeitssiegel für die Tourismusbranche.[72] Doch leider gibt es im Label-Dschungel auch immer ein paar schwarze Schafe, die manipulieren oder auf Selbstauskünfte der Reiseanbieter angewiesen sind.[73] Zudem genießen die Siegel bisher bei Weitem keine so große Bekanntheit wie etwa das Fairtrade-Siegel für Lebensmittel. Das liegt vor allem daran, dass man nur wenige Male im Jahr nach Urlaubsangeboten sucht, aber beinahe täglich Lebensmittel einkauft oder sie zumindest verspeist. Vor allem schwächt die Vielzahl an Tourismus-Labeln den Bekanntheitsgrad der Einzelnen ab. Sinnvoller wäre wohl die Konzentration auf wenige aussagekräftige anstatt auf viele unbekannte. Auch der Zustand, dass die Begriffe »nachhaltig« und »fair« nicht so wie der Begriff »bio« gesetzlich geschützt sind, nimmt der Grundidee von Verbrauchersiegeln die Klarheit. Hinterfrage also, was hinter den positiv erscheinenden Bildern wie einer strahlenden Sonne oder grünen Fähnchen steckt. Um ganz sicher zu sein, kannst du bei der jeweiligen Unterkunft nachfragen oder Informationen aus Gästebewertungen auf Reiseportalen ziehen. Nutze im Zweifel die folgenden vertrauenswürdigen Siegel als Anregung, um einen möglichst umwelt- und sozialverträglichen Urlaub im Sinne des nachhaltigen Tourismus zu finden.

## VERTRAUENSVOLLE NACHHALTIGKEITSSIEGEL AUS DER TOURISMUSBRANCHE

**TourCert:** Das für Deutschland, Österreich, die Schweiz und einige weitere europäische Länder geltende Siegel wird an Reiseveranstalter, Reisebüros, Beherbergungsbetriebe und auch an Destinationen vergeben. Es fördert und bewertet die gesamte Dienstleistungskette einer Reise in den Nachhaltigkeitsbereichen Wirtschaft, Umwelt, Kultur und Soziales. Die zum aktuellen Zeitpunkt zertifizierten 91 Betriebe74 sind zudem dazu verpflichtet, ihre Mitarbeiter zu schulen, mit Ökostrom zu arbeiten, Flugdienstreisen zu kompensieren und viele weitere Bestimmungen einzuhalten.75 Zudem werden sie alle zwei bis drei Jahre kontrolliert. Zu den Partnern des Siegels zählen zum Beispiel Brot für die Welt/Tourism Watch und die HNE Eberswalde. **www.tourcert.org**

**Viabono:** Dieses Siegel zertifiziert deutsche Hotels, Ferienwohnungen, Tagungshäuser, Campingplätze, Jugendunterkünfte, Restaurants, Pauschal- und Kanuanbieter, sowie Naturparks und Tourismuskommunen[76] mit dem Hauptaugenmerk auf die Kennzahlen in den Bereichen Endenergie, $CO_2$, Wasser und Restabfall. Zu den unterstützenden Partnern zählen beispielsweise der Bundesverband forum anders reisen e. V. und das Umweltbundesamt. Es werden nur die Betriebe auch weiterhin zertifiziert, die ihre Kennzahlen in den regelmäßigen Prüfabständen von zwei Jahren verbessern konnten. **www.viabono.de**

**Fair Trade Tourism:** Mit diesem Label werden vor allem Tourismusunternehmen in Südafrika, Madagaskar, Simbabwe und Mosambik, aber vermehrt auch aus dem gesamten Süden des afrikanischen Kontinents ausgezeichnet. Dabei liegt der Fokus vor allem auf fairen Arbeitsbedingungen und Löhnen, der Achtung von Menschenrechten und dem Respekt gegenüber Kultur und Natur. Alle drei Jahre wird vor Ort eine unabhängige Prüfung durch die FLOCERT GmbH durchgeführt.[77] Auch hier gehören Brot für die Welt/Tourism Watch zu den Förderern. **www.fairtrade.travel**

**Green Globe:** Das Label zertifiziert weltweit Betriebe, Konferenzzentren, Hotels, Urlaubsresorts und touristische Attraktionen78 anhand von 21 Nachhaltigkeitsprinzipien, die soziale, ökologische und ökonomische Aspekte beinhalten. Ein unabhängiger Auditor prüft die zurzeit 540 zertifizierten Betriebe alle zwei Jahre vor Ort. Zu den Förderern zählt beispielsweise die Weltorganisation für Tourismus. **www.greenglobe.com**

**EarthCheck:** Dieses weltweite Siegel gibt es für Hotels, Aktivitäten, Attraktionen, Restaurants, Transport- und Mobilitätsservices sowie Destinationen[79], die eine auf ganzheitlich nachhaltige Angebote angelegte Prüfung bestanden haben. Untersucht werden vor allem ressourcenspezifische Aspekte wie der Wasser-, Papier- und Energieverbrauch oder das Abfallmanagement. Auch die Einbeziehung der lokalen Bevölkerung wird untersucht.[80] Alle ein bis zwei Jahre wird diese Prüfung durch eine unabhängige Instanz wiederholt. Mit diesem Label wurden bereits 1200 Tourismusbetriebe zertifiziert. **www.earthcheck.org**

**Weitere touristische Nachhaltigkeitslabel**

Das unabhängige und nicht gewinnorientierte Reiseportal fairunterwegs.org hat die 20 führenden Tourismuslabels für Deutschland, Europa und die Welt auf seiner Website noch einmal übersichtlich beleuchtet und das genaue Auswahlverwahren erläutert. **www.fairunterwegs.org/vor-der-reise/labelfuehrer**

# Reisevorbereitung

Du hast dir mittlerweile überlegt, wohin die Reise geht. Die Vorfreude ist sicherlich schon gigantisch. Aber unklar ist immer noch, wie du dorthin kommst, was dich genau erwartet und was du für einen reibungslosen und möglichst nachhaltigen Ablauf schon im Vorfeld erledigen kannst. Gerade aufgrund des hohen Treibhausgasausstoßes wird die Tourismusbranche ja so kritisch beäugt. Es gilt natürlich, eine möglichst umweltschonende Reiseform zu bevorzugen.

Abgesehen von den Überlegungen zur An- und Abreise ist es sinnvoll, wenn du dir vorher schon ein bisschen Know-how über die Gepflogenheiten in deinem Reiseland einholst, mit denen du täglich konfrontiert werden könntest, zum Beispiel über die Sprache, die Kultur oder die politische Lage. Einfach, um versehentliches Fehlverhalten gegenüber den Einheimischen zu vermeiden. Überlege dir auch, welche Reiseversicherungen du brauchst – die können sich im Zweifel natürlich auch schon vor dem Urlaubsantritt lohnen. Und auch unmittelbar bevor du deine Wohnung verlässt, bieten sich dir noch zahlreiche Chancen, Nachhaltigkeit großzuschreiben.

Einen echten nachhaltigen Impact erzielst du mit der Art und Weise, wie du deinen Koffer packst. Für mich gilt dabei immer: überflüssiger Inhalt raus, Nützliches rein. Je geringer dein Reisegewicht, desto weniger Energie ist nötig, um dich und dein Gepäck zu bewegen. Dieser Minimalismus macht dich auch flexibler.

# HIN- UND RÜCKREISE

Ob Fernbus, Fernzug, vier Räder oder Flieger – solange dein neues Reiseziel nicht »Balkonien« oder »Bad Meingarten« heißt, frisst die An- und Abreise meist einen großen Anteil der lang ersparten Urlaubskasse auf und trägt in der Gesamtheit aller Urlauber massiv zu den größten Umweltproblemen unserer Zeit bei (Stichwort globale Erwärmung und Luftverschmutzung). Doch jede Form des Reisens birgt auch ein unglaublich großes Potenzial, um den Umwelteinfluss von Reisenden massiv zu reduzieren. Einen ganz entscheidenden Beitrag kannst du als Reisender wie gesagt schon durch die Wahl eines möglichst nahen Reiseziels bewirken. Schwer zu beeinflussen, aber umso umweltfreundlicher ist auch die möglichst hohe Auslastung von Auto, Bus und Bahn, weil sich auf diese Weise der Pro-Kopf-Ausstoß aller Mitreisenden reduziert. Mit jedem Personenkilometer, den du für die An- und Abreise während deines Urlaubs abreißen musst, wird eine Sache absolut entscheidend für dessen Nachhaltigkeit: die Wahl des Verkehrsmittels selbst.

**Flight Radar live ansehen**
Es lohnt sich, einen kurzen Blick auf flightradar24.com zu werfen, um ein Gefühl dafür zu bekommen, wie viele Flugzeuge tatsächlich in diesem einen Augenblick über der Erde schweben. Während ich diese Zeilen schreibe, sind es 14 862 Maschinen. Der schiere Wahnsinn – vor allem, wenn man bedenkt, dass dies nur eine kleine Momentaufnahme ist und es den ganzen Tag und an jedem anderen Tag so weitergeht.

## FLUGZEUG

An welches Verkehrsmittel denkst du, wenn du über deinen nächsten Urlaub sinnierst? Vor dem inneren Auge der meisten Menschen schwebt nach dieser Frage mit Sicherheit ein Flugzeug umher, mit dem man dem Alltag an die weitentferntesten Reiseziele entfliehen kann. Die meisten Menschen sitzen gedanklich schon im Flieger, bevor sie überhaupt dazu kommen, über mögliche Reisealternativen nachzudenken. Wem kann man es verübeln? Es verkürzt lange Reisen und schont gerade durch die vielen Billigairlines auch noch das Portemonnaie. Der Flieger ist ein denkbar unkompliziertes Verkehrsmittel, sehr sicher und auch deshalb ein fester Bestandteil unserer westlichen Gesellschaft. Doch gerade die lauten Langstreckenflüge knabbern am eigenen Urlaubsbudget und sind aufgrund der extremen Treibhausgaswirkung die Achillesverse des Tourismus. Für jeden Flugkilometer werden durchschnittlich allein 201 Gramm $CO_2$ ausgestoßen.[81] Von Berlin nach New York und zurück wären das ... Moment, gleich hab ich es:

6387,12 Kilometer[82] mal zwei, mal 201, durch 1000 ... puh, etwa 2567 Kilogramm $CO_2$. Allein die An- und Abreise sprengt damit das für unsere Umwelt verträgliche persönliche, jährliche Klimabudget und bläst so viel Kohlenstoffdioxid in die Atmosphäre wie sieben Menschen, die ein ganzes Jahr lang mit ihrem Benziner zum Arbeitsplatz pendeln.[83] Folglich muss uns also bei jeder Flugreise bewusst sein, dass sie am Ende mehr kostet als nur den Ticketpreis. Die Kosten zahlt nur vorläufig jemand anders. Deshalb ist meine Devise: Fliege nur dann, wenn absolut nötig - und wenn absolut nötig, dann so selten wie möglich. Mache Fernreisen mit dem Flugzeug zu seltenen Highlights anstatt zur Gewohnheit. Es sind vor allem die weit entfernten Reiseziele, die ich deshalb immer seltener, aber dadurch auch mit größerer Vorfreude ansteuere.

## Flugscham

Immer mehr Menschen fühlen sich schlecht, weil sie mit dem Flugzeug verreisen. Der Duden beschreibt dieses psychologische Phänomen als »schlechtes Gewissen, das Klima beim Reisen mit dem Flugzeug zu belasten«. Es ist positiv zu bewerten, dass es so etwas wie Flugscham in unseren Köpfen gibt. Denn es bestätigt einfach nur das bestehende Bewusstsein dafür, dass das Fliegen grundsätzlich keine nachhaltige Art der Fortbewegung ist.

Nicht nur die Häufigkeit des Fliegens trägt zu einem nachhaltigen Reiseverhalten bei. Vom Verhältnis zwischen Reisedistanz und Reisedauer habe ich dir ja schon erzählt. Doch auch bei der Wahl des Fluges kannst du einen wichtigen Beitrag für mehr Nachhaltigkeit leisten. Beispielsweise sind Direktflüge im Vergleich umweltfreundlicher, weil sie ohne Zwischenstopp auskommen und weitere Start- und Landungsphasen vermeiden, die besonders treibhausgasintensiv sind.[84] Vermutlich kannst du nicht sagen, mit welchem Flugzeugtyp du das letzte Mal geflogen bist, oder? Keine Sorge, ich habe ehrlich gesagt bisher auch nie einen Blick darauf geworfen. Doch tatsächlich spielt auch der Flugzeugtyp eine Rolle, wenn du möglichst nachhaltig mit dem Flugzeug verreisen willst. Ob jetzt der Airbus A318 oder die Boeing 747-100 nachhaltig ist – das habe ich natürlich auch nicht blitzartig im Kopf. Doch $CO_2$-Rechner wie der von atmosfair.de wissen es und kalkulieren den Flugzeugtypen automatisch mit ein.

Neben der Flugstrecke, den Direktflügen und den Typen lohnt sich auch noch ein Blick auf die anbietende Airline. Betrachtet man nur den Flug an sich, sind alle Passagierflüge dieser Welt zur heutigen Zeit nicht nachhaltig. Auch der Flugpreis macht da keinen Unterschied für die Umweltverträglichkeit. Doch es gibt durchaus Airlines wie British Airways, die einen Großteil ihrer eigenen Flüge klimaneutral kompensieren. Das ist ein nachhaltiger Ansatz, der weiter geht als bei der Konkurrenz. Wie sieht es bei den Billigfliegern aus? Auch bei einem Billigflug mit beispielsweise Ryanair werden möglichst viele Menschen in einen engen Raum gequetscht. Mit Sicherheit, um den Gewinn zu maximieren, klar – doch auch die Pro-Kopf-Emissionen der einzelnen Passagiere werden dadurch wie gesagt natürlich gesenkt. Das Problem mit den Billigflügen ist meiner Meinung nach jedoch eher die deutlich höhere Gesamtzahl der Flüge – die nur aufgrund der so niedrigen Preise überhaupt stattfinden.

Hinzu kommt das Müllproblem: Wenn du zu den nur 10 Prozent der Menschen dieser Welt gehörst, die schon einmal ein Flugzeug von innen gesehen haben,[85] dann weißt du, wie viel Plastikmüll dort nach einem gewöhnlichen Flug zusammenkommt. Bei Turkish Airlines habe ich zum Beispiel abwaschbares Edelstahlbesteck bekommen – immerhin sind da müllreduzierende Ansätze zu erkennen. Als Passagier kann man selbstständig noch ein paar Schritte weiterdenken. Ich nehme

> Alles zum Thema $CO_2$-Kompensation des eigenen Fluges findest du im Abschnitt »$CO_2$-Kompensation« auf Seite 180f.

zum Beispiel meine leere Trinkflasche mit durch die Kontrolle und fülle sie danach am Waschbecken wieder auf. Auch während des Fluges wurde mir die Flasche bisher wirklich ohne Ausnahme mit einem Lächeln und frischem Mineralwasser vollständig wieder aufgefüllt. Auf die Plastikbecher kann man dann schon einmal verzichten. Wer dann noch eigene Kopfhörer, Kissen, Holzbesteck und sogar selbst gekochtes Essen in einer Lunchbox dabeihat, fliegt sogar noch müllfreier. Je mehr von den angebotenen Gegenständen und Mahlzeiten du in ihren Plastikverpackungen lässt, desto mehr werden auch wiederverwendet. So ungewöhnlich es klingt – die Umsetzung ist gar nicht so schwer, wie man zunächst denkt.

## AUTO

Mit dem eigenen Auto oder einem Mietwagen kann man genauso gut ans Reiseziel kommen. Die Fahrt verspricht mehr Freiheit und Flexibilität – und im Gegensatz zum Flugzeug gelangt man jederzeit an sein gesamtes Reisegepäck. Doch da immer mehr Menschen selbst die erschreckend kürzesten Strecken mit dem Auto zurücklegen, büßt man im Stau auch wieder an Freiheit ein. Und pro Personenkilometer mit der Blechkiste werden durchschnittlich auch noch 139 Gramm $CO_2$ ausgestoßen.[86] Immerhin ist die An- und Abreise damit dennoch deutlich umweltfreundlicher als mit dem Flugzeug. Zwar sollte sich jeder, wenn möglich, für noch umweltfreundlichere Reisemöglichkeiten entscheiden. Aus eigener Erfahrung weiß ich aber auch: Man kann nicht immer auf das Auto verzichten. Glücklicherweise hat es noch sehr viel Nachhaltigkeitspotenzial – zum Beispiel bei der Wahl des Autotyps, im eigenen Fahrverhalten, bei der Wahl der Reisezeit oder ganz einfach, indem es sich möglichst viele Personen auf den Sitzen bequem machen. Wenn du zum Beispiel von Hamburg nach Wien fährst, um einen Freund zu besuchen, dann kannst du mit Apps für Mitfahrgelegenheiten deine eigenen Reisekosten reduzieren, indem du andere Menschen für einen kleinen Geldbetrag einen bestimmten Abschnitt deiner Strecke mitnimmst – zeitgleich vermeidest du so womöglich weitere Autofahrten deiner Mitfahrer. Wenn du Hunderte von Kilometern mit dem Auto zurücklegen musst, um dein Urlaubsziel zu erreichen, dann kann ich dir empfehlen, in der Nacht zu fahren. Während tagsüber viele Straßen verstopft sind, kommst du nachts, wenn die meisten Menschen in den Federn liegen, deutlich schneller und auch kraftstoffsparender an. Sollte deine eigene Klapperkiste eher ein Spritfresser sein, gibt es zudem die Möglichkeit, gerade für längere Distanzen ein umweltfreundlicheres Auto bei privaten oder gewerblichen Anbietern zu mieten – zum Beispiel ein Elektroauto, das, solange es mit Strom aus erneuerbaren Energien geladen wird, bei der Nutzung im Prinzip keine Treibhausgase ausstößt. Wenn du einen Camper-Van besitzt, kannst du ihn umgekehrt natürlich auch an andere Urlauber verleihen. Ich weiß, das eigene Auto gibt man ungern her – aber vielleicht ist das ja eine nachhaltige Nebeneinnahmequelle für dich.

### Carsharing

Vielleicht hast du schon davon gehört, dass du dir in Großstädten auch einfach ein Auto mit anderen Menschen teilen und bei Bedarf nutzen kannst. Das Prinzip des Carsharings eignet sich zwar nicht für längere Distanzen, aber immerhin zur nachhaltigen Nutzung am Reiseort, wenn ein bestimmter Weg zu Fuß oder mit den öffentlichen Verkehrsmitteln nicht machbar ist.

Ob du mit einem Benziner fährst oder elektrisch unterwegs bist - nutze jedes Einsparpotenzial, um möglichst lange mit einer Tankfüllung fahren zu können. Das bedeutet zum Beispiel: Prüfe und korrigiere den Reifendruck vor der Abfahrt. Trenne dich von unnötigem Ballast, fahre konstant in angemessenem Tempo und verzichte auf den Bleifuß. Schalte früh genug hoch und fahre vorausschauend. Nutze den Fahrtwind statt der Klimaanlage und schalte die Heckscheibenheizung aus, wenn du sie gar nicht brauchst. Parke möglichst passend zur Außentemperatur, damit du dein Auto später nicht großartig aufheizen oder abkühlen musst. Es gibt ein Füllhorn an Möglichkeiten, um den Kraftstoffverbrauch zu reduzieren und das Reisen mit dem Auto ein Stückchen nachhaltiger zu machen.

Im Kapitel »Mobilität« auf ab Seite 136 bekommst du auch noch jede Menge weiterer Tipps rund um die Fortbewegung am Urlaubsort selbst.

# BUS & BAHN

Während die Abhängigkeit von den Fahrtzeiten und die im Vergleich zu Flugtickets aktuell noch viel zu hohen Preise für Bahnfahrten vielleicht für den einen oder anderen noch der ausschlaggebende Faktor sind, doch lieber noch einmal in den Urlaub zu fliegen, ist es kein Geheimnis, dass die öffentlichen Verkehrsmittel oder der Fernverkehr mit Bus und Bahn nach dem Fußmarsch oder der Fahrt mit dem Fahrrad die umweltfreundlichste Art des Reisens darstellt. Im Durchschnitt liegen die $CO_2$-Emissionen pro Personenkilometer mit dem Zug bei etwa 36 Gramm – mit dem Fernbus sind es sogar nur 23 Gramm.[87] Neben der Umweltverträglichkeit spricht zudem die eigene Flexibilität während längerer Bus- und Bahnfahrten für sich. Du kannst ein Buch lesen, am Laptop arbeiten oder einfach einen Film schauen. Jede Menge Vorteile also.

Um dem Klischee der häufigen Verspätungen den Wind aus den Segeln zu nehmen: Nur knapp 1 Prozent aller Züge der Deutschen Bahn starten heutzutage mehr als eine Viertelstunde später.[88] Das lässt sich sicher verkraften. Zudem fährt der Großteil der Züge mit Ökostrom – bis 2038 will man 100 Prozent des hauseigenen Strommixes aus erneuerbaren Energien beziehen.[89] Die hohen Preise lassen sich teils vermeiden, indem du deine Reise vorausschauend planst und die Bahntickets ähnlich früh buchst, wie du es vermutlich auch bei Flugtickets machen würdest.

> Wenn du den Grundsatz beherzigst, bei Reisedistanzen unter 1000 Kilometern die Bahn zu nehmen, trägst du in jedem Fall massiv dazu bei, das Reiseverhalten unserer Gesellschaft umweltfreundlicher zu gestalten.

In spezialisierten Zugreisebüros oder auf Buchungsplattformen wie Interrail.eu findest du die besten Verbindungen, um möglichst schnell und günstig von Berlin nach Paris oder von Frankfurt nach Rom zu fahren, und du kannst mit deinem Ticket sogar unbegrenzt viele Zugfahrten bei teilnehmenden europäischen Eisenbahngesellschaften absolvieren. Vielleicht denkst du jetzt: »Von Frankfurt nach Rom ... das dauert doch locker 17 Stunden!« – Ja, nicht schlecht geschätzt. Aber du kannst ja auch unterwegs schlafen und dann aufstehen, wenn du angekommen bist. Deshalb kommen klimafreundliche Nachtbusse jetzt absolut in den Trend. Für mich ist das Reiseromantik pur, weil man einerseits auf eine nachhaltige und entschleunigte Art und Weise ans Reiseziel gelangt und gleichzeitig neue Erfahrungen und Erlebnisse macht. Genauso gut kann ich aber auch verstehen, wenn du diese langen Reisezeiten eher vermeiden möchtest.

**Vielzahl an Reisemöglichkeiten**
Du kannst auch den Weg zum Ziel machen und beispielsweise mit dem Segelboot oder dem Fahrrad verreisen. Grundsätzlich solltest du vor der Buchung eines Fluges oder bevor du voreilig allein mit dem Auto losfährst immer noch einmal hinterfragen, ob eine nachhaltige Alternative wie die Bahn, der Bus oder eine andere Reiseform nicht noch umweltverträglicher wäre.

## SICH MIT DEM REISEZIEL VERTRAUT MACHEN

Wusstest du, dass man sich in Japan bei der Begrüßung genauso tief verbeugen muss wie der Gastgeber, weil es andernfalls als Respektlosigkeit betrachtet wird? Oder dass es in Afrika als besonders höflich und respektvoll gilt, dem Gesprächspartner nicht direkt in die Augen zu sehen? Andere Länder, andere Sitten. Um niemandem auf den Schlips zu treten, solltest du dich deshalb auf die Gepflogenheiten der Menschen an deinem Reiseziel vorbereiten. Hierzu gehören die Kultur, die Sprache, die Kleidung, die Geschichte, die Natur, das Wetter, Einreisebestimmungen, tief verwurzelte Traditionen, spannende Ideen und Projekte. Bin ich ausreichend geimpft? Wie heißen die dort bedrohten Tierarten in der Landessprache? Wo bekomme ich Bio- und Fairtrade-Lebensmittel? Welche gesellschaftlichen, sozialen oder wirtschaftlichen Probleme herrschen vor Ort? Gibt man dort Trinkgeld und, wenn ja, wie viel ist üblich? Male dir schon vor der Reise ein Bild von dem, was dich erwarten könnte. Das erhöht die Intensität deiner Reiseerlebnisse vor Ort und verschafft dir ganz nebenbei bessere Chancen auf echte Geheimtipps von Einheimischen. Schaue dir vor deiner Reise Dokumentationen oder Reiseberichte an und nutze die Informationen des Auswärtigen Amtes über dein Reiseland. Dort findest du neben einem Steckbrief auch ein politisches Porträt, Reise- und Sicherheitshinweise sowie deutsche Vertretungen vor Ort. Je nach Reiseland und Religion gilt es zum Beispiel manchenorts als Zeichen des Respekts, seine Schultern und Knie zu bedecken. Ich versuche in den Wochen vor einer Reise neben den klassischen Sätzen wie »Hallo, ich heiße Christoph«, »Kann ich die Rechnung bekommen?« und »Wie geht's dir?« auch immer die wichtigsten Sprachfetzen wie »Wie komme ich zum Bahnhof?« oder »Ich esse kein Fleisch – haben Sie auch etwas Vegetarisches?« zu lernen. Auch das ist ein Zeichen des Respekts und zaubert – besonders wenn ich Wörter falsch ausspreche oder betone – den Einheimischen ein Lächeln ins Gesicht. Gelacht wird auch in vielen Ländern über die »deutsche Pünktlichkeit« – in Mexiko ist es ungewöhnlich, sich um Punkt 20.45 Uhr zu treffen. Dort verabredet man sich »abends« und wartet – unter Umständen mehr als eine Stunde –, bis alle Freunde eingetroffen sind. Das sind durchaus Dinge, an die man sich erst einmal gewöhnen muss.

Vor einer Reise werfe ich auch immer einen kurzen Blick auf Umweltprojekte, die man vor Ort für ein paar Tage unterstützen kann. Ob Aufräumaktionen an den Stränden oder Tierrettungsdienste – gute Taten schaffen bleibende Erinnerungen und machen deine Reise zu einem ganz besonderen Erlebnis. Indem du dich mit deinem Ziel beschäftigst, erhöhen sich also sowohl die Vorfreude auf die Reise als auch die Chancen auf einen wirklich intensiven interkulturellen und persönlichen Austausch und das bewusste Erleben des Urlaubslandes.

**Hier habe ich dir noch eine kurze Übersicht über die Dinge zusammengestellt, mit denen du dich vor einer Reise in ein anderes Land unbedingt beschäftigen solltest.**

### INFORMATIONEN ÜBER DEIN REISELAND

- KLEIDUNG
- KULTUR & TRADITION
- POLITISCHE LAGE & SICHERHEIT
- SPRACHE
- WETTER ZUR REISEZEIT
- NOTWENDIGE IMPFUNGEN
- UMWELTORGANISATIONEN

## REISEVERSICHERUNGEN ABSCHLIESSEN

Nach meiner Recherche für wirklich nachhaltige Reiseversicherungen zirkulierten Hunderte Dinge in meinem Kopf, die mir theoretisch im nächsten Urlaub passieren könnten. Krieg, Terror, Pandemien, Auto- oder Sportunfälle beim Tauchen oder Klettern. Indem sie etwas Sorge verbreiten, verdienen Versicherungen eben ihr Geld. Das liegt in der Natur der Sache. Auch wenn grundsätzlich niemand Angst bei einer Reise haben sollte, helfen Versicherungen oft dabei, den Kopf frei zu kriegen und den Urlaub richtig genießen zu können. Doch welche Versicherungen braucht man wirklich auf Reisen? Und was macht sie nachhaltig? Eine Haftpflichtversicherung sollte jeder haben, zum Beispiel für die Klassiker: Rotwein kippt auf das teure Sofa in der Unterkunft oder man verwechselt aus alter Gewohnheit Links- und Rechtsverkehr im Reiseland und verursacht einen Verkehrsunfall. Glücklicherweise gilt die Haftpflichtversicherung auch für Reisen im Ausland - Kinder und Studenten im Erststudium sind meist in der Versicherung der Eltern integriert. Wenn du länger unterwegs bist, schaue noch einmal nach, ob deine Police auch den gesamten Zeitraum deines Urlaubs abdeckt.

Speziell für Urlaubsreisen bietet sich für die Zeit vor dem Antritt auch eine Reiserücktrittsversicherung an, die dir im Fall der Fälle die Stornokosten erstattet. Während der Reise ist dann aber vor allem die Reisekrankenversicherung für das Ausland entscheidend. Sie sichert dich ab, wenn du während deines Urlaubs intensiver medizinisch versorgt oder aus einem weit entfernten Land für viel Geld nach Hause transportiert werden musst. Aber versichere dich nicht doppelt - ich habe zum Beispiel eine Auslandsreisekrankenversicherung integriert in meiner Kreditkarte. Solche Dinge solltest du natürlich unbedingt vor deiner Reise prüfen.

Eine sinnvolle Ergänzung kann noch die Reiseunfallversicherung für Bergungskosten und Entschädigungen nach Unfällen sein. Das ist aber immer abhängig von den jeweiligen Tarifen. Und solltest du die Reise aufgrund unerwarteter Ereignisse abbrechen und für viel Geld nach Hause zurückreisen müssen, kann dir die Reiseabbruchversicherung dabei behilflich sein, da sie alle zusätzlich entstandenen Kosten zahlt. Zu guter Letzt kann zudem eine Reisegepäckversicherung sinnvoll sein, falls dein Koffer auf einmal nicht mehr auffindbar ist. Aber ganz ehrlich: Mir ist der Koffer zwar schon mehrmals am Flughafen abhandengekommen, allerdings ist er dann auch immer wieder aufgetaucht. Solange man die teuren Wertsachen im Handgepäck hat, sollte das auch ohne die Gepäckabsicherung klappen.

So viel dazu. Aber was macht diese Versicherungen wirklich nachhaltig? Neben den Gesundheits- und Kostenaspekten erst einmal nichts. Doch es gibt Versicherungen auf dem Markt, die zum Beispiel im Versicherungsfall einen Bonus an ihre Kunden ausschütten, die sich bewusst für emissionsarme Unterkünfte und Verkehrsmittel entschieden haben. Schaue bei der Wahl deines Versicherungsanbieters wieder etwas genauer auf die firmeneigene Philosophie. Wichtig ist vor allem, dass die Versicherung das Kapital seiner Kunden ausschließlich für ethische, soziale und ökologische Belange verwendet. Doch das ist noch nicht gang und gäbe. Immer wieder werden auch Unternehmen aus der Atomkraft, der Gentechnik oder der Waffenindustrie unterstützt – und sogar Betriebe, die Kinderarbeit fördern. Einige Versicherungen arbeiten eng mit Umweltschutzorganisationen zusammen, um nachhaltiges Reisen massentauglicher zu machen – und geben Urlaubern zum Beispiel ganz gezielt Tipps zur Müllvermeidung oder zur $CO_2$-Kompensation der eigenen Reise. Auch daran, dass ein Großteil der Einnahmen in Bildungsprojekte in Entwicklungs- und Schwellenländern fließt, kannst du eine nachhaltige Versicherung erkennen. Achte aber immer darauf, dass es sich bei der Selbstpräsentation nicht um Geschwafel handelt. Die Website sollte wirklich praktische Einblicke in die Nachhaltigkeitsleistung der Versicherung geben.

**Hier siehst du die Versicherungen noch einmal in der Übersicht zum Abhaken und Ergänzen.**

| Versicherung | Notwendig? | Bin ich versichert? |
|---|---|---|
| Haftpflichtversicherung | | |
| Reiseabbruchversicherung | | |
| Reisegepäckversicherung | | |
| Reisekrankenversicherung | | |
| Reiserücktrittsversicherung | | |
| Reiseunfallversicherung | | |
| ... | | |

## KOFFER PACKEN

Ein vollgepackter, schwerer Koffer fällt auf deiner Reise nicht nur dir selbst, sondern auch der Umwelt zur Last. Schließlich verbrauchen Flugzeuge oder Autos mehr Kraftstoff, um dich und dein Gepäck zu transportieren. Glücklicherweise lässt sich das Gewicht des Koffers für die meisten von uns deutlich einfacher reduzieren, als wir denken. Der Schlüssel dazu liegt im minimalistischen Denken. Packe wirklich nur das absolut Notwendigste ein und du wirst feststellen, dass du deutlich weniger zu tragen hast und erheblich schneller fertig gepackt hast. Doch bevor ich dir Nachhaltigkeitstipps und eine Checkliste für den Inhalt an die Hand gebe, sollten wir unbedingt noch eine Frage beantworten: Gibt es eigentlich auch nachhaltige Koffer?

**Rucksack aus Meeresmüll**

Das Start-up-Unternehmen GotBag hat den gleichnamigen Rucksack erschaffen, dessen Fasern zu 100 Prozent aus Plastikmüll aus dem Meer bestehen. Die beiden Gründer arbeiten mit Fischern zusammen, in deren Netzen sich an einem gewöhnlichen Tag nicht nur Fisch, sondern auch jede Menge Müll anhäuft. Der daraus entstandene Rucksack ist superstabil und sehr gut geeignet für Tages- oder Wochenendausflüge. Ich nutze ihn sogar für meine Einkäufe, sodass ich auf der einen Seite dabei helfe, Müll aus dem Meer zu holen, und auf der anderen Seite überflüssigen Müll durch den Kauf und die Nutzung von Plastiktüten vermeide.

Ein typischer herkömmlicher Reisekoffer wird in Fernost hergestellt – meistens unter giftigen und unterirdisch bezahlten Bedingungen, die wir als unwürdig einstufen würden. Wenn du dir also einen neuen Koffer zulegen möchtest, solltest du auch hier auf eine grundsätzlich auf Nachhaltigkeit ausgerichtete Firmenphilosophie achten. Dazu gehört zum Beispiel, dass ausschließlich Koffer aus recyceltem Leder und wiederverwertetem Kunststoff angeboten werden – oder sogar Reparaturen für beschädigte Koffer. Wenn du nicht ganz so oft verreist, kannst du dir die Suche und den Neukauf sogar sparen: Koffer kann man nämlich auch von Freunden oder auf Onlineportalen ausleihen. Immer mehr Menschen entscheiden sich sogar dafür, nur noch mit einem kleinen Rucksack zu reisen, der ins Handgepäck passt – und ganz auf den Koffer zu verzichten. Das erhöht die Flexibilität und entlastet die eigenen Schultern. Achte allerdings darauf, dass du jetzt nicht alle deine Sachen zu Hause lässt, weil sie ja im Urlaubsland dank der Globalisierung sowieso erhältlich sind. Durch den ständigen Kauf von neuen Produkten würde deine Reise nur an Nachhaltigkeit einbüßen. Versuche also ganz bewusst, nur die Dinge mitzunehmen, die du wirklich brauchst. Wenn du dich gut auf dein Urlaubsland vorbereitet hast, wird das keine große Herausforderung für dich sein.

## Kleidung und Accessoires

Wenn du dich schon im Vorfeld mit den kulturellen und klimatischen Gegebenheiten an deinem Reiseziel auseinandersetzt, dann kannst du überflüssige Kleidungsstücke viel leichter und ohne schlechtes Gewissen im Schrank hängen lassen. Richte dich bei der Kleiderwahl vor allem danach, was vor Ort üblich ist, und denke minimalistisch. Brauchst du wirklich acht Shirts, vier lange und drei kurze Hosen – und zwei sicherlich wunderschöne, aber leider auch sehr platzfressende Kleider? Der Koffer wäre in Sekundenschnelle prall gefüllt. Stelle dir also die Frage: Welche Dinge davon brauchst du wirklich? Sicher fallen einige jetzt schon einmal weg. Mache dir bewusst, dass du deine Kleidung im Reiseland zudem waschen und trocknen kannst. Und noch ein Tipp: Packe lieber nach vielfältig zusammenstellbaren Outfits und nicht nach Anzahl der Kleidungsstücke – das nimmt mir immer die Angst, etwas vergessen zu haben, wenn ich meinen luftig gepackten Backpack ansehe, bevor ich die Wohnung verlasse. Vielleicht ist auch deshalb noch so viel Platz, weil ich Schuhe und mein Cap mit Socken vollstopfe und Shirts, Hosen und Pullover aufrolle wie einen Heuballen, um Platz zu sparen.

Bevor du dir neue Outdoorkleidung für den bevorstehenden Wanderurlaub zulegst, kannst du Folgendes bedenken: Dinge wie Wanderstöcke oder Funktionskleidung lassen sich sehr gut von Freunden ausleihen. Über Plattformen wie eBay Kleinanzeigen oder Kleiderkreisel kannst du sie dir alternativ auch günstig gebraucht kaufen. Sollte sich ein Neukauf dennoch nicht vermeiden lassen, könntest du darauf achten, die Dinge in deiner Stadt oder bei ehrlichen und umweltfreundlichen Onlineshops zu kaufen. Informiere dich vorher bei der *European Outdoor Conservation Association (EOCA)*, ob deine favorisierte Marke etwa die Pflege und den Erhalt von Naturschutzgebieten mit jährlichen Beiträgen unterstützt. Schenke auch den Nachhaltigkeitssiegeln, wie GOTS, IVN Best oder OEKO-TEX Beachtung, um eine umwelt- und tierfreundliche Herstellung, faire Arbeitsbedingungen und die Verwendung von recyceltem Material sicherzustellen.

**Damit du am Reiseort nicht durch Freizügigkeit auffällst, weil du die Hälfte in deinem Schrank vergessen hast, bekommst du hier eine kleine Checkliste zum Abhaken für deine Kleidung.**

| Gegenstand | Notwendig? | Eingepackt? |
|---|---|---|
| Badesachen | | |
| Brillen/Sonnenbrillen | | |
| Flip-Flops/Sandalen | | |
| Gürtel | | |
| Handtasche/Tagesrucksack | | |
| Hosen | | |
| Jacken | | |
| Kopfbedeckungen | | |
| Pullover | | |

| | | |
|---|---|---|
| Pyjama | | |
| Reisewaschmittel | | |
| Schmuck | | |
| Schuhe | | |
| Shirts/Tops | | |
| Shorts | | |
| Socken | | |
| Sportkleidung | | |
| Strandtuch | | |
| Unterwäsche | | |
| Wanderkleidung | | |
| ... | | |

## DOKUMENTE

Mit einer persönlichen Anekdote und ein paar Tipps, die ich an einer Hand abzählen kann, können wir diesen Absatz eigentlich recht schnell ad acta legen. Bei einer Flugreise vor gut zehn Jahren konnte ich meinen Personalausweis erschreckenderweise nicht finden, als ich am Schalter im Flughafen ankam. Er war zwar nicht abgelaufen – aber halt einfach nicht da. Ich suchte meine Taschen durch wie ein Verrückter – und tatsächlich: Ich hatte ihn vergessen. Unglaublich, da ich doch vor einer Reise eigentlich nur an so wenige Dokumente denken muss. Eine

Unterhaltung mit der Flughafenpolizei und so manche heruntergepurzelten Schweißperlen später hielt ich dann mein Ersatzdokument in den Händen – dennoch war das ein vermeidbarer Stress so unmittelbar vor der Reise. Aus diesem Grund achte ich heute ganz besonders darauf, dass ich Dinge wie meinen Ausweis und Reisepass oder den internationalen Führerschein immer sicher dabeihabe. Das gilt auch für den Impfpass, meine Geldbörse und natürlich die Tickets für das Flugzeug oder die Bahn. Glücklicherweise bekommt man die heutzutage ja schon in digitaler Form über Apps oder das E-Mail-Postfach. Im Grunde kann man sie also gar nicht mehr vergessen, da sie von überall abrufbar sind. Je digitaler du deine Dokumente organisierst, desto weniger Papier muss für dich verbraucht werden und desto geringer ist auch deine Zettelwirtschaft auf Reisen.

**Auch hier möchte ich dich in Form einer Checkliste an die Dinge erinnern, die man üblicherweise vor einer Reise nicht vergessen sollte.**

| Dokument | Eingepackt? |
|---|---|
| Adresse der Unterkunft | |
| Adressliste für Postkarten | |
| Führerschein/internationaler Führerschein | |
| Impfpass/Allergiepass | |
| Kreditkarte/EC-Karte | |
| Liste mit Notfallnummern | |
| Notizbuch/Stift | |

| | |
|---|---|
| Organspendeausweis | |
| Portemonnaie/Bargeld | |
| Reisepass & Personalausweis | |
| Reisetickets (Flug, Bahn, Bus etc.) | |
| Studentenausweis | |
| Tauch-/Segelschein | |
| Visum (in manchen Ländern erforderlich) | |
| ... | |

## ZERO-WASTE-GRUNDAUSSTATTUNG

Selbst die müllvermeidendste Einstellung nützt in manchen Situationen nichts, wenn man nicht mit der notwendigen Grundausstattung ausgerüstet ist. Gerade im Urlaub werfen viele Menschen ihre nachhaltigen Gedanken über Bord, weil es ja nur eine kurze Zeit im Jahr betrifft. Dabei brauchst du wirklich nur ein paar sinnvolle und vor allem platzschonende Dinge, die dir die Müllvermeidung auf Reisen so einfach machen wie zu Hause. Die wiederverwendbare Trinkflasche hatte ich bereits angesprochen. Durch sie sparst du Plastikmüll in Form von Einwegflaschen ein, indem du deine eigene Flasche einfach mit Leitungswasser oder Wasser aus großen Kanistern auffüllst, die in den meisten Ländern Teil eines Mehrwegsystems sind. Auch ein abwaschbarer Coffee-to-go-Becher vermeidet gerade bei Kaffeejunkies jede Menge Einwegmüll. Mit Jutebeuteln kannst du Einkäufe, Strandutensilien oder Schmutzwäsche transportieren und dadurch auf Plastiktüten verzichten. Obst- und Gemüsenetze erleichtern dir den plastikfreien Einkauf von Champignons, Kartoffeln oder Tomaten in größeren Mengen. Stofftücher nehmen nicht viel Platz weg, sind aber umso vielseitiger einsetzbar – zum Beispiel als Geschirrtuch, Putzlappen oder Taschentuch. Auch Brot lässt sich damit hervorragend transportieren. Ein ganz simpler und müllvermeidender Gegenstand ist außerdem die gute alte Tupperdose. Ob Selbstgekochtes, To-go-Bestellungen oder Reste deiner Mahlzeit in einem Restaurant – du kannst dort alles hineinfüllen und unnötige Wegwerfverpackungen einsparen. Als sinnvoll erachte ich auch ein wiederverwendbares Besteckset mit je einer Gabel, einem Messer, einem Löffel und oft auch noch mit einem Strohhalm. Mit Letzterem ersetzt du auf einfachste Weise den klassischen Plastikstrohhalm, der leider noch immer häufig in Kokosnüssen oder Cocktails mitserviert wird. Wenn es viele Funktionen hat, dann ist auch ein Taschenmesser eine echte Allzweckwaffe der Müllvermeidung.

**Das ist eher die Checkliste eines Hardcore-Zero-Wastlers. Dennoch wird sie dich sicher dazu inspirieren, noch etwas müllvermeidender unterwegs zu sein.**

| Gegenstand | Eingepackt? |
|---|---|
| Becher | |
| Besteckset/Spork | |
| Jutebeutel | |
| Lunchbox/Bienenwachstücher | |
| Obst- und Gemüsenetze | |
| Stofflappen | |
| Strohhalme (z. B. aus Edelstahl) | |
| Taschenmesser | |
| Trinkflasche | |
| ... | |

## TECHNIK

Das Smartphone ersetzt heutzutage immer mehr unser Denken. Fällt das Internet aus, bricht für viele eine Welt zusammen. Wir nutzen Onlinekarten, um uns zu orientieren. Wenn wir etwas wissen wollen, tackern wir lieber ein paar Keywords in die Suchmaschine, anstatt jemanden persönlich um Rat zu fragen. Und manche liegen am Abend vor dem Fernseher und spielen nebenbei am Handy herum – aber konzentrieren sich auf beides nur zur Hälfte. Unserer Multiscreen-Gesellschaft fällt es deshalb auch im Urlaub schwer, sich vollkommen von der Technik zu lösen. Meiner Meinung nach macht es schon Sinn, ein Smartphone für den Notfall parat zu haben. Doch gerade im Urlaub, wo man eigentlich Dinge erleben, Menschen und Kulturen kennenlernen oder einfach die Natur genießen möchte, sollten wir einmal ganz bewusst Abstand von technischen Geräten gewinnen, um den Fokus auf das Wesentliche zu richten. Apropos Fokus: Wenn die Handycam nicht ausreicht, solltest du natürlich eine Kamera mitnehmen, um die allerwichtigsten Erlebnisse auf deiner Reise festhalten zu können. Vielleicht macht auch eine Actionkamera Sinn. Ich rate dir allerdings davon ab, eine Drohne mitzunehmen. Zum einen könnte sie bei der Reise schnell einen Schaden erleiden, zum anderen stört sie Menschen und Tiere am Reiseort durch ihre Lautstärke und die äußere Erscheinung.

Egal für welche technischen Geräte du dich am Ende entscheidest: Vergiss nicht, die dazugehörigen Ladegeräte und – falls in deinem Reiseland notwendig – auch den entsprechenden Adapter für die Steckdosen einzupacken. Bezüglich Letzterem kannst du auch in deiner bevorzugten Unterkunft nachfragen – eventuell kannst du dir den Kauf sparen und dir einen Adapter dort ausleihen. Bei der Gelegenheit kannst du auch gleich herausfinden, ob Gäste dort einen Föhn bekommen. Hinterfrage einfach auch bei den technischen Geräten, was du wirklich brauchst – und was du getrost zu Hause lassen kannst.

Nimm lieber so wenig Technik wie möglich mit, denn hochwertige technische Geräte wecken Begehrlichkeiten und erhöhen das Diebstahlpotenzial.

**Auch hier folgt eine passende Packliste. Doch denk daran: Weniger ist mehr.**

| Gegenstand | Notwendig? | Eingepackt? |
|---|---|---|
| Föhn | | |
| Kamera/Actionkamera | | |
| Kopfhörer | | |
| Ladegeräte und Akkus | | |
| Notebook | | |
| Powerbank | | |
| Reiseadapter für Steckdosen | | |
| Smartphone | | |
| Speicherkarte | | |
| Tablet/E-Reader | | |
| ... | | |

## KÖRPERPFLEGE

»Gesundheit ist nicht alles, aber ohne Gesundheit ist alles nichts.« Dieses Zitat des deutschen Philosophen Arthur Schopenhauer trifft heute wie damals ins Schwarze und sollte selbstverständlich auch auf Reisen beherzigt werden. Allerdings musst du nicht die halbe Drogerie in deiner Kulturtasche mit dir herumtragen.

**»CodeCheck«-App**

Mit dieser App kannst du Barcodes von Kosmetikprodukten in der Drogerie scannen und auf einen Blick sehen, ob dort gesundheits- oder umweltschädliche Inhaltsstoffe wie Mikroplastik oder Palmöl enthalten sind. Das hilft dir dabei, im Fachbegriffe-Dschungel auf der Rückseite der Artikel den Durchblick zu behalten.

Auch bei der Körperpflege gilt: Beschränke dich neben möglicherweise täglichen Medikamenten und der an den Reiseort angepassten Reiseapotheke vor allem auf das Wesentliche. Holzzahnbürste statt Plastikzahnbürste. Zahnputztabletten statt Zahnpastatube. Bio-Stückseife und Blechdose statt Shampoo und Duschgel mit Mikroplastik. Waschbare Stoffpads statt Wegwerfwatte. Menstruationstasse statt Tampons. Natürliche Deocreme statt Aluminium-Sprühdeo. Naturkosmetik statt Chemie. Mehrweg statt Einweg. Glas und Papier statt Plastik. Sicherlich kennst du schon einige Tricks, um den Müll in deinem Badezimmer zu reduzieren. Die funktionieren natürlich auch im Urlaub. Auch wenn das von der Unterkunft bereitgestellte Shampoo oder die schönen Seifen dich anlächeln: Am Ende brauchst du doch nicht alles auf – die Reste werden vielleicht weggeschmissen und der Plastikmüll ist auch vermeidbar. Und was ist mit Sonnencreme? Auch die gibt es mittlerweile chemiefrei und korallenfreundlich aus der Glas- oder Blechdose. Forscher haben nämlich herausgefunden, dass UV-Filter und andere chemische Inhaltsstoffe das Korallensterben verursachen. Bei der Wahl deiner Kosmetika fährst du grundsätzlich nachhaltig damit, dich vorzugsweise für natürliche Erzeugnisse zu entscheiden.

**Die Dinge, die du für deine Gesundheit und Körperpflege vor Ort gebrauchen könntest, habe ich dir hier zusammengestellt.**

| Gegenstand | Notwendig? | Eingepackt? |
|---|---|---|
| Allergietabletten | | |
| Deodorant | | |
| Haarbürste | | |
| Handtücher | | |
| Kontaktlinsen und Zubehör | | |
| Medikamente | | |
| Moskitonetz | | |
| Mückenspray | | |
| Mundschutz | | |
| Nagelknipser | | |
| Pinzette | | |
| Rasierer | | |
| Schmerztabletten | | |
| Sonnencreme | | |
| Stofftaschentücher | | |
| Stückseife | | |

| | | |
|---|---|---|
| Tampons/Menstruationstasse | | |
| Taschenspiegel | | |
| Verhütungsmittel | | |
| Wattepads | | |
| Zahnbürste aus Holz | | |
| Zahnpasta | | |
| Zahnseide | | |
| ... | | |

## DIE WOHNUNG VERLASSEN

Du weißt jetzt, wohin es dich verschlägt, und auch dein Koffer steht gepackt an der Wohnungstür. Bevor du hinausgehst und abschließt, gibt es noch einige Dinge zu beachten, und zwar nicht nur, um Einbrecher fernzuhalten, sondern zum Beispiel auch, um deine Lebensmittelverschwendung und den Energieverbrauch zu reduzieren.

Da ein voller Briefkasten ein klares Zeichen dafür ist, dass du nicht zu Hause bist, kannst du eine vertraute Person darum bitten, ihn regelmäßig zu leeren. Bei mir macht das immer mein Bruder, der auch in Berlin wohnt und dann einen Zweitschlüssel bekommt. Er kümmert sich auch darum, dass unsere Pflanzen nach einer dreiwöchigen Reise nicht aussehen wie vertrocknete Tumbleweeds. Damit alles glattläuft, bekommt mein Bruder einen Merkzettel, auf dem alles haarklein erklärt ist. Welcher Topf? Wie viel Wasser? Und so weiter. Hund, Katze Maus – haben wir nicht. Gegebenenfalls musst du dir natürlich eine passende Bleibe für dein Haustier über die Urlaubszeit suchen. Am besten eine Bezugsperson, die dein Liebling schon kennt. Es gibt aber sicher auch Tierpensionen in deiner Nähe, deren Besitzer sich liebevoll um dein Haustier kümmern.

**»Nimmst du mein Tier, nehm ich dein Tier«**
Der Deutsche Tierschutzbund hat diese Aktion ins Leben gerufen, um einen schnell bei der Vermittlung von Urlaubsplätzen für Haustiere zu unterstützen. Melde dich dafür einfach bei der Urlaubshotline der Tierschutzorganisation oder wende dich an deinen örtlichen Tierschutzverein. Selbst wenn du nicht verreist, kannst du dich auf diese Weise auf Zeit um Haustiere von Urlaubern kümmern.

Post, Pflanzen und die vier Pfoten sind also versorgt. Wirf jetzt noch einen Blick in deinen Kühlschrank. Koche dir etwas mit den Lebensmitteln, die noch da sind – was du nicht mehr rechtzeitig aufbrauchen kannst, gibst du einfach deinen Nachbarn. Bis zum Abreisetag solltest du nach Möglichkeit alle Lebensmittel, die du ansonsten nach der Reise in die Mülltonne feuern müsstest, aufgebraucht oder verschenkt haben. Auch die Mülltonne solltest du in den letzten Minuten vor deiner Abreise noch einmal leeren, damit sich in deiner Wohnung kein wildes Biotop entwickelt, bis du wieder zurückkommst. Wenn du länger unterwegs bist, kannst du den Kühlschrank und deinen Gefrierschrank ruhig abtauen und gänzlich abschalten. Solange ein technisches Gerät nicht zwingend notwendig ist, lohnt es sich aus ökologischen und auch aus finanziellen Gründen, all deine Stand-by-Geräte wie Steckerleisten oder den Fernseher komplett vom Netz zu nehmen. Laut der Deutschen Energie-Agentur spart man durch diese Maßnahmen bei zweiwöchiger Abwesenheit ganze 42 Euro ein und schützt Computer und andere Geräte vor Überspannungs- oder Blitzschäden.[90] Wärmeenergie kannst du sparen, indem du alle Fenster richtig schließt. Manche schalten die Heizung vor einer Reise ganz aus – das lohnt sich aber wirklich nur im Sommer und bei längerer Abwesenheit. Besonders im Winter sollte sie zumindest auf niedriger Temperatur angeschaltet bleiben, wenn die Räume sich ansonsten unter die Grundtemperatur von 17 Grad abkühlen würden. Zum einen wird so die Gefahr vereister und geplatzter Heizungsrohre reduziert, zum anderen braucht es bei deiner Rückkehr dann nur wenig Energie, um die kalten Wände und Räume wieder auf Zimmertemperatur zu bringen. Denke auch daran, die feuchte Spülmaschine einen Spalt aufzulassen, damit die Restfeuchte entweichen kann und sich kein Schimmel bildet.

Dann kann es endlich losgehen. Licht aus, Tür zu – abschließen nicht vergessen. Und denke daran: Du verlässt nicht dein Zuhause, sondern nur die Gewohnheiten deines Alltags. Denn du wirst um einige Erfahrungen und Erlebnisse reicher zurückkehren.

**Hier kannst du noch einmal die wichtigsten Dinge durchgehen, bevor du abreist.**

| Was ist zu tun? | Erledigt? |
|---|---|
| Kümmert sich jemand um die Post? | |
| Gießt jemand die Blumen? | |
| Kümmert sich jemand um das Haustier? | |

| | |
|---|---|
| Alle verderblichen Lebensmittel aufgegessen und verteilt? | |
| Fenster und Türen geschlossen? | |
| Zeitschaltuhren angestellt? | |
| Elektrogeräte ausgeschaltet? | |
| Mülleimer geleert? | |
| Letzter Wohnungscheck abgeschlossen? | |
| Noch einmal nachgedacht? | |
| | |
| | |
| | |
| | |
| | |
| | |
| | |
| | |
| | |

# NACHHALTIG PLANEN: TIPPS & TRICKS

**Zusätzlichen Jutebeutel mitnehmen:** Einen Beutel kann man nicht nur zum möglichst plastikfreien Einkaufen von Lebensmitteln nutzen. Er ersetzt zum Beispiel auch die obligatorische Plastiktüte für Schmutzwäsche oder dient als Müllbehältnis für ein spontanes Beach-Clean-up. Daher lege ich jedem ans Herz, einfach noch einen Jutebeutel mehr mit auf die Reise zu nehmen.

**Familien- und Jugendgruppenreisen mit Umweltbildung:** Bildung ist die mächtigste Waffe, um die Welt zu verändern. Das hat schon Nelson Mandela gesagt. Wenn du mit Jugendgruppen oder deiner jungen Familie verreisen möchtest, können die Reisen eine Alternative sein, die ganz gezielt umwelt- und sozialverträgliches Handeln fördern. Eine gute Anlaufstelle dafür sind sogenannte Umweltjugendherbergen, die spezielle Nachhaltigkeitsprogramme zur Persönlichkeitsentwicklung anbieten.

**Schwere Sachen direkt anziehen:** Ziehe Pullover und lange Hosen am besten auf deiner Hin- und Rückreise an, damit du den Koffer etwas entlastest. Jeans sind nämlich ziemlich schwer und auch recht sperrig im Reisegepäck. Das könnte der entscheidende Tipp sein, damit du deinen möglichst minimalistisch gepackten Koffer am Ende auch verschließen kannst.

**Besorge dir einen Titan-Göffel:** Häufig wird er mittlerweile auch als Spork bezeichnet und meint ganz einfach ein hybrides Besteck, das Löffel, Gabel und oft auch noch Messer in einem Gegenstand ersetzt. Dadurch kannst du zum Beispiel deine Mahlzeit im Flugzeug ohne Plastikbesteck essen oder bei einem Eis auf den Plastiklöffel verzichten.

**Akkus statt Einmalbatterien:** Benötigst du definitiv Batterien, lohnt es sich, wenn du sie vor deiner Reise in wiederverwendbarer, aufladbarer Form einpackst. Elektronische Produkte wie Einmalbatterien solltest du zudem unbedingt wieder mit nach Deutschland nehmen, da sie dort fachgerecht entsorgt und wiederverwertet werden können.

**Mit nachhaltiger Suchmaschine recherchieren:** Das Unternehmen hinter der bekanntesten Suchmaschine der Welt ist zwar sehr sozial engagiert, steht aber auch immer wieder aufgrund des massiven Stromverbrauchs, der Steuertricks und seinem Ruf als Datenkrake in der Kritik. Nachhaltige Suchmaschinen wie Ecosia.org machen das besser. Die Einnahmen aus deinen Suchanfragen, die du dort für die Urlaubsrecherche tätigst, unterstützen gemeinnützige Projekte – und mit jeder 45. Suchanfrage wird nach Angaben des Zweckunternehmens sogar ein neuer Baum gepflanzt.[91]

**Offline-Karten herunterladen:** Um dir das Blättern in riesigen Landkarten bei fehlendem Internetzugang zu ersparen, kannst du dir über die Apps »MAPS.ME« oder Google Maps schon im Vorfeld Offline-Karten deiner Reiseumgebungen herunterladen. So kannst du im Fall der Fälle darauf zurückgreifen. Ich muss allerdings dazu sagen, dass das Reisen oft dann besonders erlebnisreich wird, wenn man die Karte ganz weglässt und sich durchfragen muss.

**Koffergurt statt riesiger Plastiktüte:** Am Flughafen werden große und etwas wackelige Gepäckstücke wie Backpacks zur Sicherheit in eine große Plastiktüte eingewickelt. Durch einen ewig wiederverwendbaren und stramm gezogenen Koffergurt machst du so etwas glücklicherweise absolut überflüssig.

**Nachbarn gießen Blumen:** Wenn du länger als eine Woche verreist, muss sich jemand um deine Blumen und gegebenenfalls um deinen Garten kümmern. Lass das am besten von einem vertrauensvollen Nachbarn machen, der nach Bedarf gießen kann und nicht extra zu dir nach Hause anfahren muss. Dann kannst du auch die automatische Bewässerung ausstellen, um Wasser und Energie zu sparen.

**Umweltblogger unterstützen:** Es gibt viele wundervolle verantwortungsbewusste Menschen, die sich täglich mit aufklärenden Blogbeiträgen für umweltfreundliches Reisen und andere Nachhaltigkeitsthemen einsetzen. Um sich zu finanzieren, werden sogenannte Affiliate-Links auf umweltfreundliche Produkte angeboten. Wenn du also sowieso vorhast, dir ein Produkt neu anzuschaffen, kannst du die Arbeit dieser Menschen so fördern, indem du solch einen Link anklickst.

**Do-it-yourself-Bewässerungssystem mit Flaschen:** Falls dein Urlaub ansteht, du aber gerade keine Nachbarn und Freunde hast, die sich um deine Pflanzen kümmern können, kann eine Plastikflasche mit dicken Wänden in Kombination mit einem aufschraubbaren Tonkegel als improvisiertes Bewässerungssystem einspringen. Gieße deine Pflanzen bei der Abreise noch einmal gut – und ab dem Moment träufeln dann langsam, aber stetig Wassertröpfchen in die Erde. Das Modell funktioniert übrigens auch mit einer Glasflasche, doch da musst du aufpassen, dass sie nicht durch Sonneneinstrahlung zum Brennglas wird!

**Reiseführer in digitaler Form:** Wenn du unbedingt einen Reiseführer brauchst, kannst du ihn dir etwas günstiger als E-Book zulegen und stetig abrufen, ohne ihn in deinen Koffer legen und ständig mit dir herumtragen zu müssen.

**Veggie-Hotels.de:** Dort findest du eine weltweite Liste vegetarischer und veganer Hotels, sodass du direkt von Anfang an in einer Unterkunft bist, die dir die klimafreundliche Ernährung einfacher macht. Es gibt viele weitere solcher Angebote im Internet. Die Website animalfair.at zeigt zum Beispiel in noch detaillierterer Form Unterkünfte für Vegetarier und Veganer in Österreich.

**Meer statt Infinity-Pool:** Na klar, die Instagram-Bilder von Infinity-Pools sehen einfach immer so cool aus, dass man sich selbst schon darin schwimmen und den Ausblick aufs Meer genießen sieht. Aber warum nicht einfach die Zeit direkt am Strand genießen? Das verbraucht zumindest nicht Unmengen an Wasser und Energie in der Region.

**Pro Stunde Flugzeit eine Woche vor Ort bleiben:** Der WWF Schweiz gibt diese Faustregel aus, um einen Anhaltspunkt für sinnhaftes Fliegen zu geben und um Fernreisen ganz automatisch zu einem seltenen und damit auch besonderen Erlebnis zu machen.[92] Ein angemessenes Verhältnis zwischen Reisedauer und Reisedistanz ist Trumpf.

**Direkt bei Unterkünften buchen:** Wenn du die Möglichkeit hast, dann solltest du immer persönlich beim Hotel buchen anstatt über die großen, internationalen Reiseportale, die nur wenig Interesse am Thema Umweltschutz zeigen. So sparst du zum einen Geld und zum anderen hat der Hotelier mehr davon, der sich vielleicht wirklich nachhaltig engagiert.

**Zeitungs-Abos deaktivieren:** Solltest du etwas länger verreisen, dann kann es durchaus Sinn machen, etwaige Zeitungsabonnements zu pausieren. So ist dein Briefkasten nicht irgendwann überfüllt und du sparst Geld und Papier ein.

**Frachtschiffreise machen:** »Durch die Wahl des Containerboots als Reisemittel verringert sich der $CO_2$-Fußabdruck mindestens um den Faktor Hundert«, sagt Prof. Dr. Robert Sausen vom Deutschen Zentrum für Luft- und Raumfahrt.[93] Das Mitreisen auf Frachtschiffen ist ein schönes Beispiel dafür, dass langsames Reisen umweltfreundlicher ist. Denn auch wenn ein Frachtschiff natürlich ebenfalls Schadstoffe ausstößt, würde es definitiv auch ohne Passagiere fahren – und deine »zarten Kilos« fallen auf dem Monsterfrachter viel weniger ins ökologische Gewicht als bei einem alternativen, teuren Flug. Auf langsamreisen.de findest du passende Angebote – auch dieses Projekt kompensiert übrigens den $CO_2$-Ausstoß seiner angebotenen Reisen durch die Förderung von Klimaschutzprojekten.

**Couchsurfing:** In dem Gastfreundschaftsnetzwerk kannst du einen kostenlosen Schlafplatz eines Mitglieds an deinem Reiseort in Anspruch nehmen – und zu Hause selbst eine Schlafmöglichkeit für Urlauber anbieten. Jeder Nutzer hat ein aussagekräftiges Profil mit Bewertungen anderer Mitglieder der Community. Für mich ist Couchsurfing daher eine gute Alternative, um den Aufenthalt in internationalen Hotelketten zu vermeiden.

**Umweltschutzstandards am Reiseziel im Vorfeld prüfen:** Wenn eine Region schwache Vorschriften für den Naturschutz und dementsprechend massive Probleme mit unkontrolliertem Bauboom, Plastikmüll im Meer oder verunreinigten Landschaften hat, dann solltest du alternative Reiseziele bevorzugen.

**Wenn du mit deinem Haustier verreist ...** solltest du auf eine ausreichende Kennzeichnung und Registrierung sowie auf das Mitführen des EU-Heimtierausweises und eines Erste-Hilfe-Sets – zum Beispiel mit Desinfektionsmittel und Zeckenzange – achten. Zum Schutz vor Krankheiten bietet es sich an, vor deiner Reise deinen Tierarzt um Rat zu fragen und dich mit den aktuellen Einreisebestimmungen für tierische Begleiter zu befassen. Die Anreise mit dem Auto oder der Bahn ist für Tiere zwar nicht immer ideal, aber immer noch stressfreier als die Alternative Flug.[94]

**Mitfahrgelegenheiten nutzen:** Wenn du gar nicht oder nur auf komplizierte Art und Weise mit den öffentlichen Verkehrsmitteln an dein Ziel gelangen kannst oder das Angebot schlichtweg zu teuer ist, dann kannst du durch die Nutzung von Mitfahrgelegenheiten sowohl $CO_2$-Emissionen als auch unnötig hohe Kosten einsparen. Schaue zum Beispiel bei Online-Mitfahrzentralen wie BlaBlaCar nach, ob nicht sowieso jemand deine Reiseroute fährt und dich für kleines Geld mitnehmen kann.

**Dienstreisen mit Zug statt Flugzeug:** Die Fahrt zum Meeting nimmt dann vielleicht auf den ersten Blick etwas mehr Zeit in Anspruch – doch auf den zweiten fällt auf, dass der Flug mit der frühzeitigen Anreise, dem Check-in und der Kontrolle ebenfalls etwas länger dauert und man währenddessen nicht so gut am Laptop arbeiten kann wie in der Bahn. Wenn du sogar die Möglichkeit hast, das Treffen per Video-Chat zu absolvieren, kannst du es sogar gänzlich ohne Reise – also noch umweltfreundlicher – absolvieren.

**Toilettentipp für Reisen mit dem Camper:** Wer schon einmal mit einem Camper durch Europa gefahren und an schönen Orten geparkt und genächtigt hat, weiß die Freiheiten dieser Art zu reisen zu schätzen. Doch nicht immer ist eine öffentliche Toilette in der Nähe. Damit du die Umwelt nicht belastest, schaufelst du an einem blickdichten Ort ein Loch und verrichtest erst dann deine Notdurft im Freien. Gemeinsam mit dem Toilettenpapier kannst du dann alles wieder zuschaufeln. So kommt es nicht zu unangenehmen Gerüchen und der Verwesungsprozess findet unter der Erde statt. Schaufel und Toilettenpapier sind also im Grunde alles, was du in solchen Fällen brauchst.

**Ein Gabelflug kann nachhaltiger sein, wenn …** dein Reiseland einfach so unglaublich groß ist, dass du zum Ende deiner Reise noch einmal mit dem Auto, dem Bus oder sogar mit einem Inlandsflug eine lange Strecke bis zum Flughafen zurücklegen müsstest. Dann lohnt es sich im Regelfall auch, die Rückreise von einem anderen Flughafen anzutreten, als du angekommen bist.

**Bei größeren Reisegruppen Fahrgemeinschaften bilden:** Wenn du eine Gruppenreise mit der ganzen Fußballmannschaft oder dem Bowling-Verein organisierst, empfiehlt sich die An- und Abreise mit dem Gruppenticket der Deutschen Bahn oder auch in Fahrgemeinschaften mit möglichst wenigen Autos. Bei einer hohen Auslastung kann es auch sinnvoll sein, einen Reisebus zu nehmen.

**Erziehung zu umweltfreundlichem Verhalten:** Ich finde es wichtig, den eigenen Nachwuchs möglichst frühzeitig an ein nachhaltiges Handeln zu gewöhnen. Einen sehr guten Bezug zu Tieren bekommen Kinder zum Beispiel bei einem Urlaub auf dem Bio-Bauernhof.

**Verreisen mit Baby und Stoffwindeln:** Auch wenn du mit Baby an Bord verreist, musst du dich gar nicht oder nur in »Notfällen« mit dem Einwegwindelmüll herumärgern. Durch die Verwendung von wiederverwendbaren Stoffwindeln kannst du sie nämlich recht unkompliziert vermeiden. Eine Freundin etwa leiht sie sich einfach bei der Windelei in Berlin aus und packt für Reisen noch eine Flasche flüssiges Handwaschmittel, Wäscheklammern, eine Leine und zwei Wetbags ein. Ein etwas kleinerer Sack ist dann für Tagesausflüge oder zum Transport von feuchten Waschlappen zum Reinigen des Wickelbereiches perfekt geeignet. Achte am besten darauf, dass deine Unterkunft immer eine Waschmaschine hat oder dass ein Waschservice angeboten wird – sonst hilft aber auch die Handwäsche im Waschbecken. Mullwindeln und Hanfeinlagen trocknen an der Leine übrigens besonders schnell. Überlege dir vor der Abreise, wie viele Einlagen du in etwa brauchen wirst.[95]

**Skiurlaub bewusst planen:** Für viele Skigebiete müssen Bäume weichen – Lawinen und Erdrutsche sind die häufige Folge. Hinzu kommen Schneekanonen und der hohe Wasserverbrauch für den Kunstschnee. Deshalb ist es besonders wichtig, vor deinem Skiurlaub bewusst nach einem nachhaltigen Skigebiet zu suchen. Auf alpine-pearls.com zum Beispiel findest du 21 sehr gute Anlaufstellen für einen umweltfreundlichen Skiurlaub in den Alpen.

**Strohhalm mit Filtersystem:** Nach dem Erdbeben in Haiti im Jahr 2010 wurde von Hilfsorganisationen der sogenannte LifeStraw eingesetzt[96] - ein Wasserfilter, der Schadstoffe und Mikroorganismen aus verschmutztem Wasser entfernt, sodass man es trinken kann. Mittlerweile gibt es den ungewöhnlichen Strohhalm auch für den Privatgebrauch, sodass du damit auch bedenkliches Leitungswasser am Reiseort zu trinkbarem Wasser umwandeln kannst. Alternativ rate ich dir dazu, vor der Buchung einer Unterkunft sicherzustellen, dass dort ein Wasserfilter vorhanden ist.

**Umweltfreundliche Outdoorkleidung finden:** Wasserabweisend, winddicht, atmungsaktiv? Da jede Funktion ein bisschen mehr Kunststoff benötigt, der zum Beispiel durch den Regen in kleinster Form in die Umwelt gelangen kann, solltest du genau überlegen, welchen Zweck deine Kleidungsstücke erfüllen müssen. Achte am besten auch darauf, dass es sich um recycelbare und PFC-freie Bekleidung aus Recyclingfasern handelt, deren Herstellungsprozess im Idealfall auch mit dem strengen Umweltsiegel Bluesign zertifiziert wurde. Eine gute Anlaufstelle ist zum Beispiel die Marke Hessnatur.

# ICH WÜRDE JA GERN NACHHALTIG REISEN, ABER ...

**»... wenn ich eh schon fliege, brauche ich auch nicht mehr auf Nachhaltigkeit zu achten.«**

Da das Fliegen mit enormen Treibhausgasemissionen verbunden ist, wäre es wohl am nachhaltigsten, gar nicht zu fliegen. Da hast du recht. Doch wenn sich dein Flug nicht vermeiden lässt, solltest du ihn nicht als Ausrede dafür nehmen, überhaupt nicht mehr auf ein möglichst nachhaltiges Verhalten achten zu müssen. Schließlich vergrößerst du deinen ökologischen Fußabdruck dadurch nur noch mehr. Wenn du schon fliegst, dann solltest du also erst recht auf Nachhaltigkeit achten. Du kannst sogar schon bei der Buchung deines Fluges damit anfangen, indem du zum Beispiel einen Flug mit möglichst wenig Zwischenlandungen auswählst, da es gerade bei Start und Landung zu hohem Treibhausgasausstoß kommt.

**»... grüne Hotels nehmen Nachhaltigkeit eh nicht so ernst, wie sie behaupten.«**

Mit Sicherheit gibt es in der Tourismusbranche den einen oder anderen Trittbrettfahrer, der versucht, sich und sein Angebot grün zu waschen. Das heißt aber natürlich nicht, dass alle Hoteliers so arbeiten. Genauso gibt es nämlich auch Unterkünfte, die ihre gesamte Philosophie darauf ausgerichtet haben, nachhaltig zu wirt-

schaften. Für mehr Transparenz in den Reiseangeboten sorgen da zertifizierende Umweltsiegel wie TourCert. Die gemeinnützige Organisation fördert ökologische, soziale und ökonomische Unternehmensverantwortung im Tourismus und leitet Anbieter dazu an, ihre Angebote zunehmend nachhaltiger zu gestalten. Als Reisender kannst du dann ganz sicher sein, eine wirklich umweltfreundliche Unterkunft gefunden zu haben.

### »... nachhaltiges Reisen ist viel zu teuer!«

Wirklich? Wie kommst du darauf? Nur weil ein Hotelier umweltfreundlich wirtschaftet und auch seine Gäste zu mehr Nachhaltigkeit im Urlaub animiert, heißt das nicht, dass er sein Angebot gleich teurer macht. Im Gegenteil: Indem in seiner Unterkunft bewusst Wasser und Energie gespart wird, kann er sogar mit Kosteneinsparungen rechnen. Hoteliers, die aus ihrer vollen Überzeugung heraus nachhaltiges Reisen ermöglichen, wollen eher diese moderne Form des Reisens ermöglichen und nicht ihren eigenen Geldbeutel zum Platzen bringen. Darüber hinaus bezieht sich nachhaltiges Reisen nicht nur auf die Unterkunft, sondern auch auf dein persönliches Verhalten vor Ort. Wenn du beispielsweise in Indien auf Inlandsflüge verzichtest und stattdessen mit dem Zug fährst, sparst auch du als Urlauber sogar noch Geld durch umweltfreundliches Reisen.

# IM REISELAND

»Wenn man sein Verhalten verlangsamt, bemerkt man Dinge, die man vorher nicht gesehen hätte.«

ROBERT WILSON

## Zahlen & Fakten:

- Auf den Philippinen macht die Tourismusbranche 24,7 Prozent der gesamten Wirtschaftsleistung des Landes aus. Auch in Thailand liegt der Anteil des Tourismus am heimischen Bruttoinlandsprodukt bei 21,6 Prozent.[97]
- 15 deutsche Touristen erzeugen etwa einen Arbeitsplatz in Entwicklungs- und Schwellenländern.[98]
- 51 Prozent der deutschen Urlauber bevorzugten im Jahr 2017 ein Reiseziel, das eher oder möglichst weit weg von zu Hause war. Nur 15 Prozent präferierten einen Urlaubsort, der nah oder möglichst nah an ihrer Heimat lag.[99]
- 75 Prozent der Deutschen ist ein respektvoller Umgang mit der Landeskultur bei einer nachhaltigen Reise besonders wichtig.[100]
- Bei 53 Prozent der weltweiten Reisen wurde ein Hotel als Unterkunft genutzt. Etwa 8 Prozent der Urlauber nächtigten in Ferienwohnungen und 5 Prozent nutzten Bed & Breakfast.[101]
- 19,4 Millionen internationale Touristen besuchten die thailändische Hauptstadt Bangkok im Jahr 2016. Auch in London landeten im gleichen Zeitraum 19,1 Millionen Urlauber.[102]
- 84 Prozent aller deutschen Touristen kauften im Jahr 2017 ein Souvenir im jeweiligen Urlaubsland.[103]

Bis zu diesem Zeitpunkt ist unsere Reise ja »nur« vorbereitet. Bei dem einen ist sie bestens durchorganisiert und der andere hat nur das Nötigste im Voraus geplant. Ich persönlich bin der Meinung, dass am Ende umso schönere und einzigartige Geschichten entstehen, wenn man die Zügel etwas lockerer lässt - also eben nicht alle Unterkünfte, Touren und vielleicht sogar Restaurant-Reservierungen schon im Vorfeld bucht. Da gehen meiner Meinung einfach zu viel Flexibilität und Chancen auf Abenteuer verloren. Schließlich sind es ja gerade neue Erlebnisse, die uns dazu treiben, überhaupt auf Reisen zu gehen. Sie sind auch der Grund dafür, dass wir uns so voller Vorfreude und akribisch auf einen Urlaub vorbereiten.

Einen wertvollen Anteil an der tatsächlichen Nachhaltigkeit deiner Reise hat schlussendlich auch dein Verhalten am Ziel. Wovon ernährst du dich? Wie kommst du von A nach B? Wo wäschst du deine Klamotten? Welche Mitbringsel kaufst du für Familie und Freunde? Wie verhältst du dich gegenüber Einheimischen? Es gibt jede Menge zu beachten. Aber keine Sorge - auch das ist alles halb so wild. Um möglichst umweltfreundlich und sozialverträglich unterwegs zu sein, sollte deine Zeit vor Ort einfach nur unter dem Stern des »langsamen Reisens« stehen (siehe Seite 39). Wechsle nicht hektisch jeden Tag die Unterkunft und lasse dich nicht im Minutentakt von einer massentouristischen Sehenswürdigkeit zur nächsten fahren, um Zehntausende Fotos zu schießen und dann wieder von der Bildfläche zu verschwinden. Entspann dich. Sammle Erinnerungen und keine Dinge. Lasse dich auf die Menschen ein und versuche, sie besser kennenzulernen und Freundschaften zu schließen. Sei möglichst offen, aufmerksam und wissbegierig für Neues. Und erweitere deinen Horizont. Das ist doch etwas wirklich Wertvolles und Langlebiges. Fotos sind auch langlebig, klar. Aber tun es nicht auch fünf Bilder? Wenn man nur an der Kamera hängt, verpasst man es leider schnell, den Moment zu genießen.

# MOBILITÄT

Die Reise von der eigenen Wohnung bis zum Urlaubsziel ist sicherlich der Teil einer Reise, der unserer Umwelt am stärksten auf das Gemüt schlägt. Doch auch um das Reiseziel vor Ort zu erkunden, müssen wir uns wohl oder übel irgendwie fortbewegen. Ob bei Inlandsflügen in besonders großen Reiseländern, bei Fahrten mit dem Mietwagen vom Hotel zum nächsten Wasserfall oder bei Bustouren in die Berge – die Mobilität vor Ort stößt im Regelfall $CO_2$ aus und belastet das globale

Klima. Um diesem Umweltproblem entgegenzuwirken und die frische und erholsame Luft und die Stille am Urlaubsort zu erhalten, solltest du als erste Instanz immer den Fußmarsch wählen. Alle wollen zurück zur Natur, aber keiner will zu Fuß gehen – nun, wenn das so ist, hat man auf den Fußwegen wenigstens seine Ruhe. Nachhaltiger geht es nicht. Auch das Fahrrad oder je nach Reiseland das E-Bike und die Rikscha sind umweltfreundliche Fortbewegungsmittel, da sie komplett oder zumindest zu einem großen Teil von körperlicher Energie angetrieben werden. Das macht natürlich nur bei verhältnismäßig kurzen Strecken Sinn, schon klar. In beinahe jedem Ort dieser Welt kannst du aber auch öffentliche Verkehrsmittel nutzen, zum Beispiel Bus und Bahn. In Indien fahren beispielsweise dreirädrige »TukTuks« in den Städten herum, deren ortsansässige Fahrer man einfach finanziell unterstützen kann. Das Land selbst ist zwar so unglaublich groß, dass man schnell einmal über einen bequemen Inlandsflug nachdenkt, um von A nach B zu gelangen. Vor Ort bin ich allerdings lange Strecken ausschließlich in Nachtbussen und Nachtzügen gefahren. Was für eine Erfahrung! Wenn ich aufwachte, war ich gleichzeitig ausgeschlafen und am Ziel. Tickets gab es teilweise online und digital, teilweise aber auch nur in Druckform. Jedes Land hat natürlich ein anderes Nah- und Fernverkehrsnetz. Es lohnt sich aber immer, einfach einmal eine grüne Suchmaschine anzuschmeißen und nach Apps, Websites oder Angeboten zu suchen. Da alle gemeinsam und nicht jeder allein darinsitzt, ist der Pro-Kopf-Ausstoß an Treibhausgasen jedenfalls dementsprechend geringer – und man hat die Chance, das Leben und die Menschen vor Ort besser kennenzulernen und vielleicht absolute Geheimtipps zu ergattern, die nicht in jedem Touristenprospekt auf dich warten. Natürlich kannst du auch mit einem möglichst kraftstoffsparenden Mietwagen fahren und die üblichen Spritspartipps anwenden: Klimaanlage aus, Fenster auf, vorausschauend fahren, Ballast reduzieren und so weiter. So wie in Deutschland gibt es auch in vielen anderen Ländern Apps, bei denen du ganz einfach Mitfahrgelegenheiten nutzen oder auch selbst anbieten kannst. Da auf diese Weise mehr Menschen gemeinsam im Auto sitzen, reduziert jeder Mitfahrer seinen persönlichen $CO_2$-Ausstoß. Nachhaltig unterwegs zu sein, kann so einfach sein und Menschen zusammenbringen.

# ERNÄHRUNG

Auf kaum einem anderen Feld haben wir in unserem Alltag und eben auch als Tourist so einen großen Einfluss im Kampf gegen die Probleme unserer Zeit wie bei dem, was wir täglich essen und trinken. Auf der einen Seite kann ich mir klimafreundliche, regional produzierte, unverpackte und nährstoffreiche Lebensmittel kaufen und sie gemeinsam mit anderen kochen – auf der anderen Seite kann ich ganz bewusst darauf achten, dass ich mein Essen nicht verschwende. Denn hinter jedem Lebensmittel steckt unter Umständen auch ein enormer Ressourcenverbrauch. Die einheimische Küche meines Reiselandes ist definitiv eines der Dinge, auf die ich mich vor einer Reise am meisten freue. Ich esse sicher nicht alles Mögliche, aber ich esse auf. Ist es nicht einfach großartig, sich auf die Essgewohnheiten anderer Kulturen einzulassen? Nichts ist langweiliger, als in Italien ein Schnitzel, in Kolumbien einen Fast-Food-Burger oder in Indien Fertigzeugs aus der Tiefkühltheke zu verspeisen. Mach dir bewusst, dass du gerade dorthin gereist bist, um andere Kulturen zu erleben – und nicht um dort dein alltägliches Leben nachzustellen. Ich fliege auch nicht nach Dubai, um dort Ski zu fahren. Niemand sollte um die halbe Welt fliegen, wenn er am Reiseort keinen persönlichen Mehrwert für sich erwartet.

Auf der indonesischen Insel Lombok bin ich zum Beispiel auf eine Airbnb-Unterkunft gestoßen, in der ich abends gemeinsam mit der ganzen Familie ein traditionelles Nasi Goreng gekocht und es dann – wie es der Brauch ist – mit den Händen gegessen habe. Sicher etwas ungewohnt. Aber dennoch sehr nachhaltig, erfahrungsreich und lecker. Anders ist das bei der »Massenabfertigung« von Touristen. Nach einem fetten Buffet-Frühstück im Hotel oder im Restaurant bleiben im Regelfall sehr viele Lebensmittel und jede Menge Plastikmüll übrig. Wurstscheiben, Croissants, halb leere Butterverpackungen und vieles mehr. Sicher lecker – aber einfach viel zu viel. Da macht es doch eher Sinn, auf ein hochwertiges, aber klar begrenztes Frühstück in einem Café mit lokalem Charme zu setzen, oder nicht? Das Hinterfragen der Herstellung und die Wertschätzung von Lebensmitteln sind meiner Meinung nach deshalb auch ein ganz entscheidender Punkt des nachhaltigen Reisens. Und wenn du dich bereits zu Hause umweltfreundlich und gesund ernährst, ist die Umsetzung auch auf Reisen meist ziemlich einfach.

## VEGAN & VEGETARISCH

Früher habe ich Schinken, Rindfleisch und Schweineschnitzel abgöttisch geliebt und im Grunde täglich Fleisch gegessen. Doch irgendwann merkte ich, dass die massenhafte Nutzviehhaltung nicht nur aus ethischer Sicht bedenklich ist, sondern dass die Herstellung von tierischen Erzeugnissen wie Rindersteaks und Schweineschnitzel auch einen ganz entscheidenden Einfluss auf unsere Umwelt hat. Um 1 Kilogramm Rindfleisch zu produzieren, werden zum Beispiel für den Futtermittelanbau, die Tränken und die Reinigung der Ställe mehr als 15 000 Liter Wasser und jede Menge Energie notwendig.[104] Zudem werden dafür etwa 13 Kilogramm $CO_2$ ausgestoßen – bei der Produktion von Butter sind es sogar 21 Kilogramm $CO_2$ pro Kilo.[105] Kühe lassen außerdem Methan entweichen – ein Gas, das sogar noch 25-mal klimaschädlicher ist als $CO_2$.[106] Und das Lachgas, das durch stickstoffhaltige Düngemittel im Futtermittelanbau freigesetzt wird, übertrifft den Wert sogar um das 300-Fache.[107] Zudem ist die Überdüngung der Böden ein massives Problem – es ist einfach zu viel Gülle da. Weltweit grasen heutzutage allein 1 Milliarde Kühe auf den grünen Wiesen dieser Erde.[108] Um Platz für Weideflächen und den Anbau von Soja als Futtermittel zu machen, müssen daher auch Regenwälder weichen. Die Abholzung setzt weiteres $CO_2$ frei und beschleunigt das Artensterben. Die industrielle Fischerei übrigens auch: 60 Prozent der Meere sind heute bereits maximal befischt und 33 Prozent längst überfischt.[109] Das alles, damit wir die Tiere nachher essen können? Es ist definitiv ein guter Zeitpunkt dafür, die eigene Ernährungsweise zu hinterfragen. Die Umsetzung im Urlaub ist im Regelfall auch denkbar einfach. Ich muss ja nur bewusst in meiner Unterkunft fleischfrei essen und ohne tierische Zutaten kochen oder im lokalen Restaurant und auf dem Markt pflanzliche Lebensmittel bestellen. In südostasiatischen Ländern wie Indien oder Indonesien ist das sogar besonders einfach, da die traditionelle Küche dort sowieso fleischfrei ist. Schlussendlich gibt es also kaum eine politisch wirksamere Tat, die so viele Umweltprobleme auf einen Streich löst, wie die vegane Ernährungsweise. Ganz zu schweigen von den ethischen Aspekten, Tiere, die genauso emotionale Wesen sind wie wir selbst, artgerecht zu halten. Indem du auf deine Gewohnheiten verzichtest, bereicherst du schlussendlich dein Essverhalten gleichzeitig um viele neue, natürliche Lebensmittel und Gerichte, die deine Gesundheit fördern und unsere Umwelt weniger belasten. Falls dir die Umstellung schwerfällt, kann ich das sehr gut nachvollziehen. Starte also im Zweifel klein: Selbst wenn du in deinem zweiwöchigen Urlaub nur an jedem vierten anstatt an jedem Tag Fleisch isst, machst du dein Reiseverhalten schon deutlich nachhaltiger.

**Doku-Tipp:** *Cowspiracy*
Mein persönliches Aha-Erlebnis hatte ich übrigens mit der Doku *Cowspiracy*, die von Schauspieler Leonardo DiCaprio mit produziert wurde. In 90 Minuten hat sie mir den Zusammenhang zwischen unseren Essgewohnheiten und den Umweltproblemen unserer Zeit bewusst gemacht und klargestellt, was jeder besser machen kann – zu Hause und auf Reisen. Auch die Dokumentation *What The Health* kann ich dir empfehlen, weil sie aufdeckt, inwiefern unsere Ernährungsgewohnheiten gesteuert werden und schlussendlich in klassischen Zivilisationskrankheiten wie Bluthochdruck, Übergewicht, Diabetes oder Krebs resultieren.

## RESTAURANTS

Ob du eine Wandertour in der Eifel, einen Segeltörn in Griechenland oder eine Besichtigung der Kaffeeplantagen in Kolumbien unternimmst – im Urlaub ist jeder früher oder später auf der Suche nach einem schönen Restaurant. Damit du möglichst nachhaltig unterwegs bist, sollte dein scharfer Blick wieder auf die lokalen, saisonalen Zutaten gerichtet sein. Wenn du schon eine lange Reise mit dem Flugzeug oder dem Auto hinter dir hast, dann möchtest du am Reiseziel auch nicht die Sachen essen, die bereits zu Hause auf dem Speiseplan stehen. Ein bisschen Abwechslung macht die Reise erlebnisreicher. Neben der regionalen Küche ist es vor allem wichtig, lokale Familienbetriebe zu unterstützen und nicht die internationalen Restaurantketten. Bestell außerdem nur so viel, wie du auch essen kannst, oder lass dir den Rest in deine mitgebrachte Lunchbox füllen – sonst landet der Rest nachher nur in der Mülltonne. Hinzu kommt: Wer an kleinen Straßenständen oder in lokalen, unscheinbaren Restaurants isst, kommuniziert automatisch persönlicher mit den Einheimischen und ernährt sich im Urlaub zumindest auf diese Weise nachhaltig.

Oft findet man auf den ersten Blick weder ein veganes Restaurant noch vegetarische Gerichte auf irgendeiner Speisekarte. Doch am Ende erweitert man immer seinen Erfahrungsschatz und findet meist doch ein großartiges Restaurant, indem man ein nachhaltiges Mittagessen oder ein umweltfreundliches, romantisches Dinner zu sich nehmen kann. Für dich als Reisenden sollte es auch darum gehen, ein Restaurant zu finden, in dem Lebensmittel gekocht werden, die saisonal sind und nicht um die halbe Welt eingeflogen sind. Das kann ein Betrieb mit eigener ökologischer Gänsezucht und großem Gemüsegarten sein. Genauso gut kann das aber auch ein Strandcafé sein, deren Besitzer sich auf lokale, pflanzliche Lebensmittel fokussieren. Mit Apps wie »Happy Cow« findest du international in Windeseile vegane Restaurants und du kannst die Suchergebnisse sogar mit deinen eigenen Erfahrungen erweitern. Aber auch ohne dein Smartphone funktioniert das. Frage zum Beispiel bereits im Voraus in deiner Hotelküche nach, ob sie auch vegane oder vegetarische Gerichte zaubern könnten. Das funktioniert ebenfalls in vielen Restaurants. Du wirst überrascht sein, wie viele Küchen plötzlich etwas kreieren, das auf der Speisekarte nicht einmal im Kleingedruckten stand. Achte aber auch darauf, mit den richtigen Begriffen in Landessprache zu fragen. In Kolumbien wurde mir zum Beispiel sogar »Pollo« (also Hühnchen) als vegetarisch verkauft. Die wenigsten konnten sich dort vorstellen, warum man überhaupt auf Fleisch verzichten sollte. Und wenn wirklich gar nichts geht – dann bleib entspannt und lerne aus deinen Erfahrungen. Du kannst ja immer noch die Einkäufe vom Wochenmarkt selbst zubereiten.

## LEBENSMITTEL EINKAUFEN & SELBST KOCHEN

Zugegeben: Müllvermeidung ist nirgendwo einfacher als im eigenen, gewohnten Umfeld zu Hause. Doch das soll natürlich keine verallgemeinerte Ausrede sein. Denn auch im Urlaub kannst du saisonale Lebensmittel auf den einheimischen Märkten oder in Bioläden kaufen und sie in deinen mitgebrachten Rucksack legen. Achte bei der Bezahlung darauf, möglichst schnell mitzuteilen, dass du keine Plastikbeutel benötigst. Denn aus meiner Erfahrung sind die Lebensmittel schneller darin eingewickelt, als man gucken kann. Ein einfaches »no plastic, thank you« reicht da normalerweise schon aus. Mache dir vor dem Einkauf eine kleine Notiz mit den Lebensmitteln, die du wirklich benötigst. Auf diese Weise vermeidest du bereits im Vorfeld überflüssige Spontankäufe und eine mögliche Lebensmittelverschwendung. Die Lebensmittel, die du kaufst, sollten natürlich auch wieder vor Ort wachsen, damit ihre

Produktion möglichst wenig Energie und Wasser verbraucht. Ein besonderer Blick für die Lebensmittel, die demnächst ablaufen, macht's noch nachhaltiger. Wie bei meinen Einkäufen in Deutschland achte ich zum Beispiel auch darauf, nicht die Konzerne zu unterstützen, die Wasserquellen überall auf der Welt privatisieren und ganze Regionen in Wasserknappheit und schreckliche Dürren stürzen. Ich konsumiere deshalb lokal und nutze nach Möglichkeit auch das Wasser aus dem Hahn. Selbst wenn das Trinkwasser vor Ort nicht trinkbar ist, kann ein Wasserfilter Abhilfe schaffen (siehe Seite 129). Vor der Buchung einer Unterkunft frage ich dazu einfach immer noch einmal nach, ob trinkbares Wasser ohne Einwegplastikflaschen zur Verfügung steht. Und sollte auch das nicht möglich sein, prüfe ich dann noch, ob es vielleicht ein Projekt gibt, bei dem ich mir in teilnehmenden Betrieben kostenlos Trinkwasser in meine eigene Flasche nachfüllen kann. Schließlich ist es ja auch im Sinne der Reiseregion, dass Menschen nicht überall ihre pfandfreien Plastikflaschen liegen lassen. Das hat beispielsweise in Indonesien mit der App *»Refill Bali«* hervorragend funktioniert. Wenn du dir dann noch eine Unterkunft mit Küche aussuchst, kannst du dir sogar warme Mahlzeiten selbst zubereiten, um dich auch im Urlaub ganz besonders nachhaltig zu ernähren. Es muss ja nicht immer das teuerste Restaurant sein – auch ein Picknick am Meer, im Hochgebirge oder an den Reisfeldern, bei dem du dein selbst gemachtes Essen aus der mitgebrachten Lunchbox verzehrst, hat seinen Charme.

# SOUVENIRS

Billige Urlaubshüte, Kühlschrankmagnete, schnell ausgeleierte Halsketten, klackernde Frösche und Shirts mit »I love mein Reiseziel«, die nach der Reise sowieso nur noch als Schlafshirt dienen. Auf der einen Seite mag das Geschmackssache sein, auf der anderen lauern auch noch die ökologischen Auswirkungen. Dieser austauschbare Billigkram wird massenhaft in Billiglohnländern wie China oder Bangladesch produziert und um die halbe Welt geschickt, um nach der Reise nutzlos und nichtssagend in der Ecke zu liegen und langfristig ausschließlich den Herstellern Freude zu bereiten.

Ein Souvenir sollte kein seelenloser Schnickschnack sein, der ökologische Folgen für die Natur vor Ort mit sich bringt und später in einer Schrottschublade oder im gelben Sack versinkt. Ein Souvenir ist etwas Besonderes, etwas Einheimisches, vielleicht auch etwas Handgemachtes. Etwas, das eine Geschichte erzählt – die du dann begeistert mit Freunden teilst, wenn du es ihnen als kleine Aufmerksamkeit aus dem Urlaub übergibst. Und wenn du es dir zu Hause ansiehst, sollte es dir ein Lächeln ins Gesicht zaubern, weil es in der Lage ist, die Urlaubserinnerungen wieder zu entfachen.

Verzichte deshalb zudem auf nichtssagenden Krempel und auch auf Elfenbeinfiguren, Haifischzahnketten, Handtaschen aus Schlangen- oder Krokodilsleder, Kämme und Brillen aus Schildkrötenpanzer und vor allem auf Korallen. Diese Mitbringsel erzählen vielleicht eine Geschichte, jedoch eine sehr traurige. Auch Muscheln, Sand und Steine solltest du da lassen, wo sie sind, um dem Ökosystem vor Ort nicht zu schaden. »Eine Muschel wird man ja wohl mitnehmen können«, sagen 2 Millionen Urlauber. Verzichte nicht nur darauf, weil Natur und Gesellschaft darunter leiden, sondern auch, weil dir meist heftige Strafen drohen. In fast allen afrikanischen Ländern ist zum Beispiel die Mitnahme von Produkten aus Elfenbein oder Reptilienleder verboten.[110]

Schärfe einfach deine Sinne für Schrott oder ethisch und ökologisch bedenklichen Krempel und überlege dir vor dem Kauf, ob dir das Mitbringsel auch noch in ein paar Wochen zu Hause gefallen würde. Wenn schon Souvenir, dann auch lokal, einzigartig und eindrucksvoll. Landestypische Gewürze, traditionelle Speisen oder ein selbst gemachter und gekorkter Wein von lokalen Anbietern verschaffen deinen Freunden zu Hause zum Beispiel einen echten kulinarischen Eindruck deines Urlaubslandes – und landen eben nicht in irgendwelchen Schubladen. Auch Postkarten haben ihren Charme, da sie Menschen verbinden, immer wieder Erinnerungen wecken und im Zeitalter der digitalen Kommunikation eine altbewährte Abwechslung bieten. Vor allem handgemachte, lokale Kunst ist etwas Besonderes und hebt sich vom üblichen Touristenklimbim ab. Du solltest aber auch hinterfragen, ob es überhaupt notwendig ist, ein Souvenir aus deinem Reiseland mitzubringen. Oft freuen sich Freunde auch schon darüber, dass man die eigenen Reiseerlebnisse enthusiastisch mit ihnen teilt.

**Souvenir-Ratgeber**

Die Umweltschutzorganisation WWF stellt dir ausführliche Infos über die Mitbringsel aus dem Urlaub bereit. Hier findest du den Souvenir-Ratgeber:www.wwf.de/aktiv-werden/tipps-fuer-den-alltag/umweltvertraeg- lich-reisen/wwf-souvenirfuehrer

# WÄSCHE

Auch den haushaltlichen und hygienischen Pflichten will im Urlaub nachgegangen werden. Früher habe ich immer einen riesigen Koffer oder einen monströsen Backpack mit gefühlt Hunderten Kleidungsstücken mitgenommen. Zehn Paar Socken, zwölf T-Shirts, vier Hosen und und und ... Meine dreckige Wäsche habe ich in eine Plastiktüte gestopft ... und gewaschen wurde erst nach der Rückreise. Unglaublich, wie ich mir da immer einen Wolf geschleppt habe. Mit dem ganzen Gepäck vor Ort von A nach B zu reisen, war wirklich alles andere als entspannend. Heute nehme ich unabhängig von der Aufenthaltsdauer im Reiseland deutlich weniger Kleidung mit – doch die Schmutzwäsche stopfe ich noch immer in einen Beutel. Der Unterschied ist zum einen, dass es sich jetzt um einen wiederverwendbaren Jutebeutel handelt, der keinen Müll hinterlässt. Zum anderen wasche ich meine Shirts, Hosen und Co. auch einfach vor Ort bei einer lokalen Wäscherei. Ich kann dadurch viel entspannter und kraftstoffarmer herumreisen und komme auch noch mit den Menschen vor Ort in Kontakt. Warte aber ein bisschen ab, bis sich einiges angesammelt hat, damit die Waschmaschine nicht für zwei Teile Energie und Wasser verbrauchen muss. Wenn du der Wäscherei deinen Jutebeutel da lässt, bekommst du die Wäsche auch ganz ohne Plastiktüte drum herum zurück. In vielen Unterkünften wird dir das Waschen deiner Kleidung auch angeboten. Wenn du nicht gerade in einem Hotel eines internationalen Großkonzerns untergebracht bist, ist das grundsätzlich auch eine nachhaltige Möglichkeit, deine Wäsche im Urlaub zu reinigen.

Beim nachhaltigen Reisen ist allerdings zu bedenken, dass nicht nur Textilien aus deinem eigenen Koffer gewaschen werden müssen. Auch in deiner Unterkunft entsteht durch genutzte Handtücher oder Bettwäsche jede Menge Wäsche. Indem du deine Unterkunft nicht täglich wechselst, sondern möglichst lange an einem Ort bleibst, muss am Ende jedoch gar nicht so viel gewaschen werden. Damit das Servicepersonal deine Textilien nicht dennoch austauscht, solltest du Handtücher nicht auf den Boden legen, sondern sie einfach aufhängen, solange du sie noch weiterbenutzen möchtest. Es ist auch grundsätzlich nachhaltig, ungenutzte Sachen ordentlich in eine Ecke zu legen, damit Servicekräfte sie nach deiner Abreise sofort erkennen und nicht waschen.

# KOMMUNIKATION

Nachhaltiges Verhalten auf Reisen bezieht sich nicht nur auf die Dinge, die du tust, sondern ganz besonders auch auf die Art und Weise, wie du dich den Menschen vor Ort präsentierst. Gerade in Entwicklungs- und Schwellenländern sollte dir immer bewusst sein, dass Einheimische ihre Gäste aus Industriestaaten wie Deutschland oft als Vorbild betrachten. Sei deshalb höflich, aufmerksam, offen und zuvorkommend. Komme als Fremder und gehe als Freund. Dort hat nicht jeder ein Smartphone in der Hand, eine Kamera um den Hals und eine fette Uhr am Arm. Ich erinnere mich daran, dass ich einmal bei der Frage zum Preis meiner Armbanduhr zu einer Notlüge gegriffen habe, um den Fragenden nicht vor den Kopf zu stoßen, da die Uhr 120 Euro gekostet hatte – ein Betrag, den er in einem Monat harter Arbeit im Hotel verdiente. Doch es ist nicht nur der Luxus, der fehlt. Vielerorts mangelt es dort an Dingen, die für uns eine Selbstverständlichkeit sind – sauberes Trinkwasser zum Beispiel. Erzähle den Menschen deshalb nicht, was der Flug gekostet hat, was du verdienst, wie lecker Fleisch schmeckt und wie toll das Leben doch in Deutschland ist. Lege dein Handy lieber zur Seite und frage die Menschen vor Ort nach dem Weg anstatt auf Google Maps zu vertrauen. Versuche zu realisieren, wie gut es dir eigentlich geht, und versuche, dich in die Menschen hineinzuversetzen und zu verstehen, wie es ist, wenn man nicht in »totalem Luxus«, sondern mit echten Problemen lebt. Vielleicht fallen dir ja sogar Ideen ein, mit denen du das Leben der Menschen vor Ort kurzfristig verbessern kannst. Ich habe zum Beispiel meinem Gastgeber in einer versteckten Unterkunft in Kuta Lombok dabei geholfen, einen Account auf einer großen Reiseplattform anzulegen, damit er zukünftig deutlich mehr Gäste zu höheren Preisen willkommen heißen kann. Meiner Meinung nach ist es nachhaltig, sich eben nicht als protziger Tourist darzustellen, sondern sich den Menschen vor Ort anzupassen. Das funktioniert sowohl mit schlichterer Kleidung und möglichst wenig Schmuck als auch in den Gesprächen mit Einheimischen. Mit englischer Sprache und digitalen Übersetzungstools kommt man da ja oft schon weiter – auch die Sprachfetzen, die man vor der Reise noch schnell in der Landessprache aufgesaugt hat, bringen einen voran. Wenn auch das nichts hilft, dann gibt es immer noch eine Sprache, die alle Menschen sprechen: die Körpersprache mit Händen und Füßen.

**Umgang mit Bettlern**

Es ist extrem schwer, die tatsächliche Lage eines Bettlers einzuordnen. Einfach nur Geld zu geben, ist oft nicht der nachhaltigste Weg – schließlich wird Bettelei dadurch zu einer angenehmen Einnahmequelle als Alternative zu einer beruflichen Tätigkeit, in der die Menschen ihre Fähigkeiten ausschöpfen und sich gleichzeitig weiterbilden. Ich denke, es ist effektiver, offizielle Kinderschutzprojekte oder Hilfsorganisationen vor Ort finanziell zu unterstützen. Am Ende ist das jedoch auch immer eine Bauchgefühlentscheidung.

# ERLEBNISSE

Die Erlebnisse auf Reisen bereichern und bilden uns. Hinterher haben wir lustige, spannende oder auch traurige Geschichten zu erzählen – und mit jeder neuen Erfahrung lernen wir wieder etwas dazu. Unsere Urlaubsaktivitäten sollten jedoch auch den Menschen vor Ort zugutekommen, anstatt ihren Alltag negativ zu beeinträchtigen. Auch Tiere und Pflanzen sollten in Ruhe leben können. Doch das ist gerade bei massentouristischen Aktivitäten leider meist nicht gegeben. Als Tourist muss man sein eigenes Verhalten deshalb stetig hinterfragen. Ist es jetzt absolut notwendig, dass ich in einem Käfig neben dem weißen Hai tauche? Oder störe ich den Hai vielleicht in irgendeiner Form in seinem natürlichen Verhalten und gebe daher das Geld lieber für schönere Dinge aus? Es ist ein kleiner Umgewöhnungsprozess, bis dieses »innere Q&A« irgendwann zur Routine wird. Das heißt nicht, dass man am Ende nur noch auf dem Strandtuch oder in seiner Unterkunft liegen muss, um niemandem zur Last zu fallen. Es geht vielmehr darum zu verstehen, sich wirklich aktiv Gedanken darüber zu machen, welche Auswirkungen das eigene Verhalten für die Umwelt und die Menschen vor Ort hat. Um einzigartige Erlebnisse der unterschiedlichsten Art zu erfahren, schließt man sich am besten mit seinem jeweiligen Gastgeber kurz (das zumindest ist meine persönliche Erfahrung). Er kennt die Gegend vor Ort und weiß, was empfehlenswert ist und was nicht – und welche Spots von Touristen überlaufen sind und welche nicht. Er kennt sich aus. Auf unterschiedlichste Weise ist das Lernpotenzial auf Reisen jedenfalls gigantisch – man muss nur offen dafür sein, sich anzupassen. Am Ende sind die schönsten Dinge im Leben nicht ein paar Selfies oder Schlüsselanhänger – sondern die Menschen, Orte, Gefühle und Erlebnisse, die man fest in Erinnerung behält, weil sie wirklich einzigartig sind.

## TIERE

Neben nichtssagenden Souvenirs gibt es auch bei den Erlebnissen am Urlaubsort einige No-Gos. Manch einer würde sie mit »Dinge, die du in deiner Urlaubszeit unbedingt noch einmal tun solltest, bevor sie irgendwann verboten sind« titulieren. Wer nachhaltig denkt, sieht darin jedoch eine Empfehlung für einen in Zukunft umwelt- und sozialverträglicheren Urlaub. Meine persönlichen No-Gos möchte ich dir hier mit jeweiliger Begründung an die Hand geben, damit wir uns darauffolgend auf die wirklich coolen und nachhaltigen Erlebnisse fokussieren können.

Tierquälerei dürfen wir weder in unserem Alltag zu Hause noch auf Reisen unterstützen. So ist zum Beispiel das Füttern von Enten und Schwänen aufgrund der Gefahr für die Tiere durch aufquillendes Brot im Magen oder den Verlust der Scheu vor Menschen zu vermeiden. Hinterfrage einfach bei jedem Tier, ob dort eventuell eine Gefahr bestehen könnte, wenn du es fütterst. Sobald es bei Touristenangeboten direkten Kontakt zwischen Mensch und Tier gibt, ist das im Regelfall kein gutes Zeichen, da es meist Stress für die Tiere bedeutet. Verhaltensstörungen, mögliche Krankheitsübertragungen und deutlich geringere Lebenserwartungen in Gefangenschaft sind die Folge. Vom Schlangenflüsterer über Äffchendompteure und Hahnenkämpfe bis hin zum Delfinarium oder dem Elefanten- und Kamelreiten – diese Angebote existieren nur zur Belustigung der Touristen, aber der Witz dabei fehlt.

Die Tiere werden meist in jungem Alter aus der Wildnis entnommen, gefangen gehalten und unter Schmerzen domestiziert. Ihre Muttertiere werden getötet.[111] Wenn du dennoch eine vergleichbare Attraktion besuchen möchtest, solltest du vorher recherchieren, ob der jeweilige Anbieter sich für den Tierschutz engagiert. Dass man Baby-Schildkröten maximal beim Schlüpfen beobachten, aber sie nicht auf ihrem Weg zum Meer stören sollte, hatte ich bereits angedeutet. Seesterne wollen nicht gesammelt werden und auch mit Delfinen zu schwimmen, mit Walhaien zu tauchen oder ganz klassisch ein Whalewatching auf offener See oder eine Safaritour mit unbegrenzter Touristenzahl zu buchen, bedeutet puren Stress für die Tiere. Sie werden gerade bei den Touren eingepfercht und mit Booten beziehungsweise Jeeps gejagt, damit Touristen ein möglichst schönes Foto machen können und dementsprechend viel Trinkgeld geben. Ist es das wert? Deine Devise sollte lauten: Sensationsgeilheit aus, Vernunft ein. Wenn du Wale sehen willst, dann informiere dich darüber, wann sie genau vor Ort in der Bucht kalben. Dann kannst du sie vom Strand aus beobachten. Wenn es trotzdem unbedingt eine Tour sein soll, dann achte darauf, dass ihre Anbieter das »High Quality Whale Watching«-Zertifikat vorweisen können, das bestätigt, dass der Motor auf See ausgeschaltet wird und die Wale nicht verfolgt werden. Besonders übel aufgestoßen haben mir bei meiner Recherche auch sogenannte Tigertempel und -zoos, in denen Tiger mit Medikamenten zugedröhnt und alles andere als artgerecht gehalten werden, damit die Menschen sie streicheln und jede Menge Selfies mit ihnen machen können.[112] Macht ein Selfie mit einem gefangenen Tiger einen Instagram-Feed wirklich attraktiver? Ich denke nicht. Versuche, dem Selfie-Wahn grundsätzlich etwas entgegenzuwirken, indem du bewusst nur die Momente festhältst, an die du dich auch in fünf Jahren wirklich noch einmal zurückerinnern willst. Reflektiere ständig dein eigenes Verhalten – manchmal verhält man sich nämlich aus lauter Gewohnheit oder Bequemlichkeit falsch, das geht auch mir so. Früher bin ich zum Beispiel bei einer Ägypten-Reise mit einem Quad durch die Wüste gefahren, ohne zu realisieren, welch großen Stress die Lautstärke und der aufgewirbelte Sand für Kamele und andere Wüstentiere bedeutet. Was Spaß macht, ist nicht immer nachhaltig. Aber was nachhaltig ist, macht fast immer Spaß.

## KULTUR

Du weißt ja, dass in anderen Ländern meist auch andere Bräuche herrschen – und dass du dich schon im Vorfeld deines Urlaubs mit den Gepflogenheiten deines Reiselandes beschäftigen solltest, um Fettnäpfchen und unangenehme Situationen auszulassen. Du weißt auch, dass du für viele Menschen ein Vorbild bist, wenn du aus einer Industrienation kommst. Dein Herkunftsland steht besonders in Entwicklungs- und Schwellenländern für Erfolg, Gesundheit und Reichtum. Dein Verhalten kann daher fremde Menschen und Kulturen entscheidend beeinflussen. Umso wichtiger ist es, dass du dich in Tempelanlagen, Theatern, Palästen oder auch bei lokalen Events an die Kultur deines Reiselandes anpasst und gleichzeitig die Menschen vor Ort respektierst und förderst. Entdecke Länder, ohne kulturelle Traditionen zu stören. Halte dich lieber etwas zurück und sei dir bewusst, dass religiöse Gebäude kein touristisches Konsumgut, sondern heilige Stätten sind. Indem du die Kultur vor Ort respektierst, treibst du die positive Wirkung des interkulturellen Austausches voran. Mir haben es in fremden Ländern vor allem die lokalen Märkte angetan, gerade weil dort Einheimische oft nachhaltige, handgemachte Waren verkaufen. Aber auch Food Markets sind unglaublich schön, weil sie Urlaubern einen kulinarischen Einblick verschaffen und den Gaumen für die einheimische Küche begeistern.

Am Strand von Weligama auf Sri Lanka habe ich einmal ein Fischerboot einlaufen sehen. Auf Bitte der Fischer konnte ich dann dabei helfen, es mit ein paar Baumstämmen zur Entladung an Land zu drücken oder zu rollen. Da ich nicht einfach verschwinden, sondern die Menschen kennenlernen wollte, habe ich den gefangenen Thunfisch gemeinsam mit den Hafenmitarbeitern kistenweise zur Abholung und zum Verkauf an die Straße gebracht. Es hat einfach Spaß gemacht und war mal etwas anderes. Ein Surflehrer hatte mich dabei beobachtet und mir als kleines Dankeschön einen kostenlosen Kurs geschenkt und mir sogar noch jede Menge Geheimtipps für die Insel mitgegeben. Das soll an dieser Stelle keine Angeberei sein, doch es ist mir nachhaltig in Erinnerung geblieben, weil es zeigt: Wenn du anderen Freude bereitest, wirst du auch selbst Freude erfahren.

Auch in den Kapiteln »Reisevorbereitung« (siehe Seite 89) und »Kommunikation« (siehe Seite 150f.) erfährst du mehr darüber, wie du dich der Kultur vor Ort am einfachsten anpassen kannst.

## AUSGEHEN

Nur weil Trinkorgien am Ballermann so ziemlich das Gegenstück eines nachhaltigen Urlaubs sind, spricht nichts dagegen, am eigenen Reiseziel abends auszugehen und zu feiern. Das macht natürlich jeder auf seine Weise. Der eine steht zum Beispiel auf Strandpartys. Die werden heutzutage vielerorts bewusst müllvermeidend organisiert, weil der ganze Kunststoff in der Umwelt eine so offensichtliche Folge exzessiver Partynächte mit Wegwerfplastik ist. Auch hier hast du aber wieder die Möglichkeit, auf Plastikstrohhalme zu verzichten, wenn sie vor Ort noch angeboten werden. Bar Hopping ist eine gute Alternative und funktioniert im Grunde überall. Andere wiederum mögen es etwas ruhiger und legen sich abends entspannt in die Hängematte an einem Lagerfeuer bei einer kleinen Strandbar oder gehen zu einem feuchtfröhlichen Wine Tasting. Bei unserer Reise durch Südafrika haben wir die unterschiedlichsten Weinfarmen in Stellenbosch besichtigt, die ihren Wein auf nachhaltige und traditionelle Weise in familiären Betrieben anbauen. Es war ein unfassbar tolles Erlebnis, da wir hier die Basics der Weinproduktion kennengelernt haben. Traditionell kann es abends auch bei einheimischer Musik und altüberlieferten Tänzen werden. Ich habe in Indonesien zum Beispiel das Gamelan-Orchester besucht und versucht, mir den Tanz beibringen zu lassen – leider erfolglos, aber darum geht es ja nicht. Ich tanze schlecht, aber gern. Viel wichtiger ist es, öfter mal einen Blick über den Tellerrand zu werfen. Ohne meinen Gastgeber Wayan wäre ich niemals bei diesem inspirierenden und eben nicht von Touristen überlaufenen Event gelandet. Die wahren Ausgehtipps sahnt man wirklich bei Einheimischen und nicht in billigen Reiseprospekten ab. Frag doch einfach mal deinen Gastgeber. Vielleicht hat er auch noch eine Idee für einen einzigartigen Platz in der Natur, an dem du selbst einen nachhaltigen und romantischen Abend mit deinem Partner erleben kannst.

Wie du Restaurants mit nachhaltigen Angeboten ausfindig machst, erfährst du ausführlich im Kapitel »Ernährung« auf Seite 139.

## KURSE

So gut wie an jedem Ort der Welt kannst du an Kursen von mitreißenden Menschen teilnehmen, einen Einblick in ihren Alltag bekommen und dich persönlich weiterentwickeln. Lerne doch zum Beispiel von einer waschechten Römerin, wie man Pasta selbst macht, oder von einem entspannten kubanischen DJ, wie man Musik produziert. Auch einheimische Tänze und Musikinstrumente lassen sich unglaublich unterhaltsam gemeinsam ausprobieren. Auf Sri Lanka habe ich wie schon erwähnt Surfen gelernt – und meinen Tauchschein konnte ich während meines dreimonatigen Aufenthalts auf Bali machen, und zwar mit einzigartigen Erlebnissen mit Schildkröten, Mantarochen und Riffhaien in einer für mich völlig neuen, bunten Unterwasserwelt.

Das gemeinsame Kochen von lokalen Spezialitäten ist besonders beliebt und der Tisch ist mit Tausenden von kulturellen Kursen reich gedeckt. Selten sind diese Events massentouristisch – und dafür umso persönlicher und vor allem lehrreicher. Du lernst dabei andere Reisende und Einheimische kennen und hast zum Beispiel wieder gute Chancen, echte Geheimtipps zu ergattern. Ich lasse mich immer von den angezeigten Entdeckungen auf der Plattform Airbnb inspirieren. Bisher habe ich keine gleichwertige Plattform gefunden, die mir so einzigartige Kurse vorschlägt. Während ich diese Zeilen schreibe, habe ich das Browserfenster mit den Entdeckungen gerade offen: »Die Samurai-Seele spüren« in Japan, »Mole-Kochkurs mit einheimischem Koch« in Mexiko-Stadt, »Polarfüchse beobachten mit einem Naturforscher« auf Island oder »Gerettete Nutztiere streicheln im Tierheim« in den Niederlanden. Auch wenn dir sicher nicht alles zusagt, wartet garantiert irgendwo auch ein Kurs auf dich. Die DIY-Kurse bringen definitiv frischen Wind in deinen Urlaub.

# WANDERN & BERGSTEIGEN

Ich liebe es zu wandern! Jeder Weg hat seinen eigenen Charme. Und solange du nicht in den Fußstapfen einer Million anderer Touristen unterwegs bist, bietet es dir auf nachhaltige Weise großartige Chancen auf eine echte, erlebnisreiche Erholung. Das Wandern in den beeindruckenden Bergen oder auf einen wuchtigen Vulkan macht definitiv auch bescheiden - denn es erinnert uns daran, welch winzigen Platz jeder von uns in der Welt einnimmt. Mit einer gesunden Portion Ehrfurcht und Respekt gegenüber der Natur sollten wir uns die Wanderschuhe schnüren und die Natur so hinterlassen, wie wir sie vorgefunden haben. Das heißt: weder Müll liegen lassen noch Pflanzen abpflücken - sondern die einzigartigen Ökosysteme vor Ort genießen und erhalten. Und das gilt natürlich sowohl für das Wandern als auch für das Bergsteigen. Am besten suchst du dir eher unbekannte Pfade und Berge aus, damit du nicht aus Versehen Teil der massentouristischen, trampelnden Maschinerie wirst. Neben den persönlichen Schicksalsschlägen der Sherpas am Mount Everest und der Lebensgefahr für Touristen bleibt bei solchen Exkursionen leider auch jede Menge Müll zurück. Nimm deshalb Abstand davon und wandere dort, wo die Natur keinen Schaden erleidet. Jedes Land in Europa bietet dir einzigartige Wandermöglichkeiten. Je nachdem, wie fit du bist, kannst du den Weg nach oben auch zu Fuß und eben ohne die Seilbahn meistern. Das macht mächtig stolz, spart Energie, hält dich gesund und verschafft dir einen wohlverdienten Ausblick. Auch wenn ich eher der Typ »hoch hinaus« bin, müssen es für mich gar nicht immer so gigantische kilometerhohe Berge sein. Selbst in eher ebenen Regionen lässt sich die Natur beim Wandern entspannt genießen. Die Intensität kann man auf jeden Fall wunderbar selbst bestimmen. Wenn deine Hände und Füße am Ende eines Erlebnisses dreckig sind, aber deine Augen leuchten, dann hast du alles richtig gemacht.

Ach ja: Eine kleine persönliche Anekdote meiner härtesten Wanderung möchte ich dir an dieser Stelle nicht verschweigen. In Indonesien bin ich an zwei Tagen mit einer kleinen Gruppe Franzosen und Balinesen auf den 3726 Meter hohen Schichtvulkan Rinjani gekraxelt. Alle konnten sich besser kennenlernen und gezeltet wurde auf 2500 Metern Höhe mit einem atemberaubenden Blick auf den Sonnenuntergang. Kurz nach Mitternacht ging es dann weiter in Richtung Spitze, die wir exakt um 6 Uhr morgens zum schönsten Sonnenaufgang meines Lebens erreicht haben. Einfach ein großartiges Erlebnis. Aufgestoßen hatte mir lediglich ein balinesischer Mitreisender, der seine Plastikflaschen einfach den Abgrund heruntergeworfen hatte, weil er seinen Rucksack auf dem Weg nach unten entlasten wollte. In solchen Momenten ist dann für jeden smarten Touristen wichtig, Aufklärungsarbeit zu leisten. Da alle anderen die Hände vor dem Gesicht zusammengeschlagen hatten, hatte er das auch ohne große Worte schnell verstanden. Auf dem Weg nach unten erfuhren wir schnell, dass er schlichtweg nicht wusste, dass die Flaschen dort vermutlich noch Tausende von Jahren liegen würden. Ein Beispiel, das zeigt: Wer nachhaltig reist, ist eben auch Vorbild und kann täglich dazu beitragen, dass Menschen in Zukunft achtsamer mit unserer Natur umgehen.

## (ACTION-)SPORT

Für viele bedeutet Urlaub körperliche Erholung. Das ist auch gut so. Doch da echte Erlebnisse für mich persönlich auch immer eine Prise Action benötigen, mache ich auch auf Reisen jede Menge Sport. Bei mir stehen zum Beispiel Wassersportarten wie Mountain Rafting, Surfen und natürlich das Tauchen auf der Liste – immer in Abhängigkeit vom jeweiligen Reiseland, versteht sich. Als ich meinen Tauchschein in der Tasche hatte, eröffnete sich für mich wirklich eine völlig neue Welt. Es wäre ärgerlich, das faszinierende Leben unter Wasser zu verpassen. Wichtig ist jedoch, dass der Veranstalter die Tauchgänge nicht mit 50 Teilnehmern, sondern bewusst in kleinen, über umweltfreundliches Verhalten aufgeklärten Gruppen durchführt. Und egal, welcher Wassersport dich am Ende magisch anzieht: Achte darauf, Korallen und andere Tiere und Pflanzen nicht zu gefährden. Mache ganz nebenbei das Gegenteil, sammle den Plastikmüll ein, der dir entgegenschwimmt, und rette Tiere, die in einer Notlage sind.

Wenn das Wasser nicht dein Element ist, kannst du dich auch einfach an einheimische Sportarten wagen. An indischen Stränden habe ich zum Beispiel regelmäßig den Cricket-Schläger geschwungen und konnte so die Kultur des Landes wirklich hautnah miterleben. Aber auch Fußball, Tischtennis oder Basketball wurden dort gespielt. Wer es extremer mag, brettert mit dem Mountainbike über den Grand Ballon in Ostfrankreich, wagt einen Bungee-Jump von der Niouc-Brücke im Süden der Schweiz oder fliegt mit dem Paraglider am Tafelberg in Kapstadt. Wer stattdessen eine ausgeglichene Erholung für Körper und Geist anstrebt, absolviert hingegen Yoga- oder Meditationskurse und gönnt sich eine entspannende Massage. Du merkst schon: Alles ist möglich.

Und wenn dein Reiseziel nicht wirklich Chancen für sportliche Aktivitäten bietet, dann kannst du immer noch im Freien mit deinem eigenen Körpergewicht trainieren und beispielsweise der Sportart Freeletics nachgehen. Mit Liegestützen, Kniebeugen und Sit-ups verbrauchst du nur deine eigene Körperenergie und hältst dich gerade deshalb fit auf Reisen.

## NATURSPEKTAKEL

Ich verreise vor allem, weil jedes Fleckchen Natur unseres Planeten auf seine eigene Art und Weise einzigartig ist und ich neue Dinge erleben möchte. Ich möchte wilde Tiere beobachten und nicht ihre traurigen Augen hinter Gittern betrachten. Ich möchte Sonnenauf- und -untergänge aus den unterschiedlichsten Perspektiven genießen – und nicht die hundertste Folge einer Serie auf Netflix, während das eigentliche Erlebnis draußen an mir vorbeirauscht. Ich möchte mich lieber von einem Wasserfall berieseln lassen, vor dem ich stundenlang sitze – frei von jeglichem Zeitdruck. Ich möchte durch spektakuläre Höhlen wandern, in natürlichen Hot Springs baden und mehr als eine Million Fledermäuse sehen, wenn sie tagtäglich aus einer Baumkrone starten. Ich möchte mit dem Kanu durch Gebirge schippern und anhalten, wann mir danach ist. Dennoch möchte ich das wirklich nur, wenn es am Reiseziel grundsätzlich und ohne trampelnde Touristenmassen möglich ist.

Eines der besten Erlebnisse meines Lebens hatte ich zum Beispiel am Aling-Aling-Wasserfall in Indonesien. Ich war bereits morgens um

7.30 Uhr da, um einen möglichen Touristenansturm zu umgehen. Der recht anstrengende Fußmarsch dorthin hatte mir allerdings schon jegliche Ängste davor genommen, dass ich dort tatsächlich auf Hunderte von Touristen stoßen würde. Das Zitat »Go the extra mile – it's never crowded« passt hier echt wie geschmiert. Außer mir war dort nur ein grinsender Einheimischer namens Kadek. Er sagte zu mir: »Hey, hast du Lust, von dem Wasserfall zu rutschen?« Nach einem kurzen Blick auf die massive Felswand, auf der das Wasser in die Tiefe floss, antwortete ich entschlossen scherzhaft: »Nein, danke. Vielleicht ja, wenn du es zuerst machst.« Als Kadek unmittelbar darauf Anlauf nahm, diesen Wasserfall kopfüber herunterrutschte und unten nach ein paar Sekunden lebendig wieder auftauchte, hatte ich meine Meinung geändert. Warum war ich sonst dort? Wasserfälle konnte ich mir schließlich noch Hunderte auf der Insel ansehen. Ein paar Minuten später rutschte ich die überraschend glatt geschliffenen Felsen herunter und tauchte mit einem unglaublichen Adrenalinschub wieder auf, der mich dann nur einen Katzensprung vom Wasserfall entfernt auch noch den 16-Meter-Cliff-Jump machen ließ. Zugegeben: vielleicht etwas waghalsig. Aber am Ende sind es genau diese unerwarteten Erlebnisse, die ich jetzt selbst Jahre danach detailgetreu und mitreißend mit anderen Menschen teilen kann – und die mir selbst noch heute ein Lächeln ins Gesicht und Herzrasen in die Brust zaubern.

## Erlebnistouren

Ich bin der festen Überzeugung, dass die besten Touren an einem Reiseziel eben nicht auf Touristenflyern stehen oder von stark frequentierten Hotels empfohlen werden. Das kann ich deshalb ganz entschlossen behaupten, weil sie Tausenden von Touristen vorgeschlagen werden und das jeweilige Erlebnis im Regelfall total überlaufen und die Umgebung vielleicht sogar zerstört ist. Mit diesem Wissen kannst du Massentourismusgeschichten glücklicherweise ganz gezielt umgehen. Die echten, authentischen Erlebnistouren findest du nämlich über einen kurzen, aber sehr persönlichen Umweg: über der Kommunikation mit den Menschen vor Ort. Ein Beispiel gefällig? Kein Problem! In einer kleinen ökologisch angehauchten Unterkunft in einem Dschungeldorf in Kolumbien hatten meine Frau und ich eine Gastgeberin, die sozusagen nachhaltigen »Massentourismus in a Nutshell« betrieben hat. Auch sie hatte natürlich ein paar Touranbieter parat, die sie ihren Gästen regelmäßig empfohlen hat. Doch allesamt waren eben nicht auf Masse und Profit, sondern auf persönliche Erlebnisse ihrer Gäste ausgerichtet. Und so kam es, dass wir eine Stunde später gesattelt auf einem Pferd mit einem lokalen Guide mit zwei anderen Urlaubern für drei Stunden durch den Dschungel, die Kaffeefelder und einen wilden Fluss geritten sind. Im strömenden Regenguss wohlgemerkt. Obwohl ich vorher erst ein einziges Mal fest im Sattel eines Pferdes saß, war das bis heute eines der schönsten Erlebnisse meines Lebens. Am Ende gab uns Oskar, der lustige Tour-Guide, nur noch eine Visitenkarte mit Telefonnummer darauf. Denn das ist der einzige Kontakt zu ihm. Keine Internetseite, kein Flyer. Weil der Ausflug recht günstig war, profitierte er am Ende in Form eines wohlverdienten Trinkgeldes. So funktioniert nachhaltiger Tourismus. Das Prinzip funktioniert in Kolumbien genauso gut wie in Deutschland und es lohnt sich einfach, wenn man wirklich etwas Persönliches erleben und nicht wie ein kleines Rädchen in einer großen Tourismusmaschinerie behandelt werden möchte. Es ist auch ein absolut wundervolles Erlebnis, Landschaften mit dem Ruderboot oder die Urlaubsregion mit dem Rad zu erkunden. Du bekommst aufgrund der niedrigen Geschwindigkeit einfach ein Auge fürs Detail – und für mich ist gerade das einer der großen Vorteile des langsamen Reisens.

## STRAND AUFRÄUMEN

Triggern dich überraschende Vorher-nachher-Bilder und gute Taten auch so stark wie mich? Ob an der Nordsee, im italienischen Genua oder auf einer indonesischen Insel – wenn ich im Urlaub einen unvorstellbar vermüllten Strand sehe, dann kann ich es nicht mit meinem Gewissen vereinbaren, einfach wieder zu gehen, ohne etwas dagegen unternommen zu haben. Ich will einfach sehen, wie schön dieses Fleckchen Erde aussieht, wenn man sich zusammenrauft. Und es tut auch einfach gut, mal Dinge zu tun, die eben nicht jeder Urlauber macht. Alles, was man braucht, sind echt nur ein paar Handschuhe oder Greifzangen und Sammelbehälter. Falls ich selbst keinen Beutel zum Sammeln dabeihabe, frage ich einfach bei einer Surfschule oder einer Strandbar nach – und dann sammle ich Strohhalme, einzelne Flip-Flops, Plastikflaschen, Zigarettenstummel und alles, was da so zu finden ist, ein. Für den einen oder anderen mag es ungewöhnlich sein. Doch spätestens wenn andere Menschen dazukommen und bei der Aufräumaktion helfen, wächst das Gefühl, etwas Gutes zu tun. Wie so oft braucht es immer nur jemanden, der den Stein ins Rollen bringt. Selbst wenn jeder Strandbesucher auch nur drei Plastikteile nach jedem Strandbesuch einsammeln würde, wäre schon viel gewonnen. So ein Beach-Clean-up kann wirklich jeder im Urlaub machen – sowohl spontan, aber natürlich auch selbst oder von anderen mit etwas Vorlaufzeit organisiert. Auf Bali habe ich zum Beispiel Green-School-Gründer John Hardy bei seinen Aufräumaktionen am Bambu Indah Hotel unterstützt. Täglich um 7 Uhr stattet er alle Freiwilligen mit Speeren aus, um an einem reißenden Fluss und dem benachbarten Wald auf die Jagd nach Müll zu gehen. Das ist erschreckenderweise jeden Tag möglich, da auf Bali einfach so unfassbar viel Müll liegt. Auch die Organisation Trash Hero habe ich vor Ort unterstützt – dafür hatte ich sogar schon vor meiner Reise Kontakt aufgenommen, damit ich nach meiner Ankunft am Reiseziel nicht mehr lange nach Organisationen suchen musste, die Unterstützung gebrauchen konnten. Bei meiner Reise nach Indien bin ich ebenso vorgegangen und hatte so Afroz Shah kennengelernt, einen Anwalt aus Mumbai, der es satthatte, dass man am Versova Beach unmittelbar vor seiner Haustür vor lauter Müll nicht einmal mehr den Sand sehen konnte. Zu Beginn hat er noch allein aufgeräumt – heute kommen jedes Wochenende 300 Menschen zur Unterstützung. Gemeinsam haben sie dafür gesorgt, dass an diesem Strand erstmals wieder Schildkröten brüten konnten. Es ist einfach wundervoll, so viele wundervolle, reflektierte Menschen kennenzulernen, die sich Tag für Tag für unsere Umwelt engagieren. Wenn man stattdessen nur in der Tageszeitung herumblättert, könnte man schnell denken, dass dieser Typus Mensch schon gar nicht mehr existiert.

**Globale Clean-up Community**
Verwandle gemeinsam mit anderen die Empörung über einen vermüllten Strand in Freude darüber, dass er wieder sauber ist. Das ist ein großartiges Gefühl! Für mein Umweltschutzprojekt CareElite habe ich eine weltweite Facebook-Gruppe aufgebaut, in der regelmäßig Aufräumaktionen in der Umwelt organisiert werden. Ob du in Berlin, auf Sizilien oder in Bangkok unterwegs bist – in der Gruppe findest du Organisatoren auf der ganzen Welt, die du im Urlaub unterstützen kannst. Und auch wenn du ein kleines privates Clean-up machst, kannst du die Bilder dort teilen, um andere Menschen überall auf unserem Planeten zu motivieren. Probier's einfach aus: **www.facebook.com/groups/careeliteglobal**

## ORGANISATIONEN UNTERSTÜTZEN

Einen ordentlichen Schuss Nachhaltigkeit schenkst du deiner Reise ein, indem du zum Beispiel Tier- oder Umweltschutzorganisationen an deinem Urlaubsort unter die Arme greifst. Freiwillig Gutes zu tun, tut nicht nur anderen, sondern auch dir selbst gut. Das ist einfach Balsam für die Seele und bringt dir ganz nebenbei auch noch ein paar Karmapunkte ein. Ich kenne sogar Menschen, denen bei der Freiwilligenarbeit in solchen Organisationen ihre persönliche Berufung bewusst geworden ist, weshalb sie heute noch im jeweiligen Umweltbereich arbeiten. Je nachdem, wo du unterwegs bist, findest du aber nicht alle dieser Projekte durch eine einfache Eingabe in der Suchmaschine. Das liegt einfach daran, dass ihr Webauftritt nicht auf Deutsch übersetzt wurde oder dass vielleicht noch gar keine Internetseite vorhanden ist. Indem du deine Suchbegriffe auch auf Englisch eingibst, hast du dann meist bessere Chancen, fündig zu werden. Am einfachsten ist es jedoch wieder, mit ein paar Menschen vor Ort zu sprechen – dann erfährst du innerhalb kurzer Zeit, inwiefern du dich dort engagieren kannst. Es ist aber auch schon eine gute und sehr lehrreiche Tat, wenn du Fischern beim Entladen eines Fischerbootes hilfst oder lokalen Tierschutzvereinen Meldung erstattest, wenn du ein verletztes Tier gefunden hast. Falls du Missstände und Leid beobachtest, solltest du grundsätzlich die jeweilige Behörde vor Ort kontaktieren.

Umwelt- oder Tierschutzorganisationen können jederzeit tatkräftige und vor allem finanzielle Unterstützung gebrauchen. Du kannst zum Beispiel einen kleinen Betrag an den WWF zur Wiederaufforstung der Mangrovenwälder in Indien oder an den Tierschutzbund zur Kastration von wilden Katzen und Hunden spenden.

# NACHHALTIG REISEN: TIPPS & TRICKS

**Selfies drosseln:** Es ist verrückt, aber es sind bereits Menschen bei Selfies gestorben. Also überlege dir gut, wann der richtige Zeitpunkt für ein schnelles Selbstporträt ist. Ich persönlich finde die Fotos ohne den eigenen Arm auf dem Bild oder den meterlangen Selfie-Stick deutlich angenehmer – auch, weil man mit anderen Menschen in Kontakt kommt, die man höflich darum bittet, ein Foto zu schießen.

**Auf den Strohhalm verzichten:** Wenn du dir einen Cocktail in einer Bar bestellst, kannst du die Bedienung höflich darum bitten, den Plastikstrohhalm wegzulassen. Wenn du vorher schon einen wiederverwendbaren Edelstahlstrohhalm bei einem anderen Gast erspähst, kannst du dir die Mühe unter Umständen sogar sparen.

**Früher da sein:** Der frühe Vogel fängt den Wurm! Das gilt auch für Tagesausflüge zu später vielleicht überlaufenen Orten. Wenn ich mir einen Wasserfall ansehen will, fahre ich einfach schon sehr früh am Morgen dorthin, um den Ort zu entlasten, nicht Teil der Touristenmassen zu sein und um die Natur in Ruhe genießen zu können.

**Warme Mahlzeiten abkühlen:** Bevor du ein warmes Abendessen oder eine gerade mitgebrachte Mahlzeit in den Kühlschrank stellst, solltest du sie erst einmal an der Luft abkühlen lassen. So benötigt das Gerät schlussendlich weniger Energie, um gegen die Wärme anzukämpfen.

**Keinen Müll in die Umwelt werfen:** Ja, das ist im Prinzip selbsterklärend. Dennoch landen aus Touristenhänden gerade die kleinen Dinge wie Strohhalme oder Zigarettenkippen oft in der Natur. Nutze deshalb immer den nächsten Mülleimer und für Zigaretten einfach einen Taschenaschenbecher, der echt in jede Hose oder Handtasche passt.

**Toilettenpapier nicht im Klo herunterspülen, wenn gefordert:** Viele Feuchttüchter darf man ja nicht die Toilette herunterspülen, weil sie sie sonst verstopfen könnten. Ich habe es in Restaurants, Co-Working-Spaces oder Unterkünften aber auch schon öfter erlebt, dass sogar gewöhnliches Toilettenpapier nicht einfach auf Knopfdruck verschwinden darf, weil die Kanalisation es nicht verkraftet. Halte dich deshalb daran, wenn du ein dementsprechendes und meist sehr auffälliges Schild in dem WC entdeckst.

**Wasser umweltfreundlich aufkochen:** Wenn du dir in deiner Unterkunft Nudeln kochst, dann verbrauchst du bei kleineren Mengen Wasser weniger Energie, wenn du es im Wasserkocher vorkochst. Bei größeren Mengen und generell wird das Wasser im Topf schneller heiß und es wird Energie gespart, wenn du einen Deckel aufsetzt.

**Den Müll wie vorgeschrieben trennen:** Es ist sehr löblich, dass du deine Lebensmittel lose einkaufst und den Strohhalm in der Cocktailbar ablehnst. Doch nicht immer lässt sich Müll so gut vermeiden. Versuche deshalb – auch auf Reisen –, deinen Müll ordnungsgemäß zu trennen, damit möglichst viele natürliche Ressourcen wiederverwendet werden können.

**Faire Preise zahlen:** Ob für handgemachte Souvenirs oder beim Kauf von Obst und Gemüse an der Straße – achte auf eine faire Bezahlung deines Gegenübers und versuche bei verhältnismäßig sehr günstigen Angeboten, den Preis nicht noch weiter nach unten zu feilschen.

**Strandabschnitte meiden, an denen Meeresschildkröten an Land gehen:** Es ist davon auszugehen, dass Schildkröten dort ihre Eier legen, wo sie sich häufiger aufhalten. Um sie und ihre Nachkommen nicht zu stören, solltest du dir einen anderen Strandabschnitt aussuchen.

**Silent-Partys besuchen:** Vielerorts gibt es immer häufiger sogenannte Silent-Partys, bei denen man leuchtende Kopfhörer bekommt und je nach Stimmung auf eine andere Musikrichtung umschwenken kann, zu der man gerade tanzen möchte. An der leuchtenden Farbe des Kopfhörers erkennen andere Gäste, wozu du gerade tanzt. Das Nachhaltige daran: Da die Musik nur auf dem Ohr läuft, kommt es nicht zu Lärmbelästigung von Unbeteiligten.

**Ökosysteme schützen:** Pflücke keine wilden Pflanzen ab, um sie mit nach Hause zu nehmen, da manche von ihnen Schädlinge oder Krankheiten mitbringen können, gegen die einheimische Pflanzen in Deutschland nicht immun sind. Anstelle von Muscheln solltest du lieber etwas Müll vom Strand zur nächsten Tonne mitnehmen. Auf diese Weise schonst du vor allem die Ökosysteme an deinem Reiseziel. Sie sind durch Umweltprobleme wie den Klimawandel oder den Plastikmüll in der Natur sowieso schon bedroht.

**Unterkunft mit hitzebeständiger Bauweise auswählen:** Um den massiven Stromverbrauch durch Klimaanlagen und dauerhaft rotierende Ventilatoren schon im Vorfeld zu vermeiden, solltest du dir eine Herberge suchen, die der sommerlichen Hitze aufgrund einer entsprechenden Bauweise trotzt.

**Sexuelle Ausbeutung melden:** Die Täter und Täterinnen sind meist sichtbar. Solltest du während deiner Reise sexuellen Missbrauch beobachten oder einen Verdachtsfall haben, dann melde dies unbedingt bei Plattformen wie dontlookaway.report (international) oder dem deutschen Pendant nicht-wegsehen.net, die genau dafür existieren. Auch die örtliche Polizei ist da natürlich einer der besten Ansprechpartner, um unendliches Leid für Körper und Seele zu verhindern.

**Keine lebenden Souvenirs mitnehmen:** Eine Selbstverständlichkeit sollte es sein, aus ethischen, ökologischen und strafrechtlichen Gründen keine seltenen Tiere wie Affen, Schildkröten oder Schlangen – auch keine Teile von ihnen in Form eines Souvenirs – mit nach Hause zu bringen. Da ich schon zu viele verrückte Dinge gesehen habe, wollte ich diesen Punkt zumindest nicht unerwähnt lassen.

**Verlust von Kleidung beim Wäschewaschen verhindern:** Ich hatte leider schon einmal das Problem, dass mir nach der Abholung meiner Wäsche aus der Wäscherei ein paar Shirts oder Hosen fehlten. Ob Versehen oder Absicht – indem du dir immer genau aufschreiben lässt, welche Kleidungsstücke du abgegeben hast, bist du auf der sicheren Seite.

**Keine bedrohten Tierarten essen:** Andere Länder, andere Sitten. In China und Vietnam gilt beispielsweise das Pangolin als Delikatesse – gleichzeitig ist das auch der Grund dafür, dass das Tier mittlerweile fast ausgestorben ist. Ob Pangolin-, Schildkröten- oder Haifischflossensuppe, ob bewusst oder unbewusst – verzichte darauf, seltene Tiere zu essen. Indem du vor oder während deiner Reise einen Blick auf die rote Liste bedrohter Arten wirfst – der WWF aktualisiert und veröffentlicht sie regelmäßig –, kannst du dich dahingehend absichern.

**Ruderboot statt Speedboot wählen:** Dieser Vergleich steht stellvertretend für einen grundsätzlichen Rat für möglichst umweltfreundliche Aktivitäten am Reiseort: weniger motorisiert und dafür mehr mit Eigenantrieb unterwegs sein. Rad fahren und wandern statt Auto fahren und Segway. Das ist langsames Reisen – und sorgt dafür, dass du in deinem Urlaub plötzlich spektakuläre Erlebnisse erfährst, die sonst nicht den Hauch einer Chance bekommen hätten, von dir registriert zu werden.

**Tieren helfen:** Der Tierwelt kannst du auf Reisen in vielerlei Hinsicht einen großen Gefallen tun. Reise in vegan- und vegetarierfreundliche Länder, meide Touristenattraktionen mit Tieren, melde und stoppe tierquälerische Aktivitäten und hilf Tieren, die verletzt sind oder sich in bedrohlichen Situationen befinden.[113]

**Trinkgeld bewusst geben:** Es wäre nicht besonders wertschätzend, dem Reiseveranstalter selbstsicher eine vierstellige Summe zu überweisen, aber bei dem Menschen, die Taxi fahren, kochen oder die Unterkunft putzen – und oft auf jeden Cent angewiesen sind – um jeden Taler zu feilschen. So manche Reise hätte uns das Portemonnaie sicher nicht erlaubt, wenn das Lohnniveau im Reiseland so hoch wäre wie bei uns in Deutschland. Zeige deshalb Respekt und gib ein leistungsgerechtes und eher großzügiges Trinkgeld. Verschenke jedoch nicht achtlos Geld an Kinder auf der Straße, da dieses Verhalten sie unter Umständen dazu ermutigen könnte, lieber betteln als in die Schule zu gehen (siehe auch Seite 151).

**Nachhaltiger Transfer zur Unterkunft:** Versuche, nach deiner Ankunft auf die möglichst umweltfreundlichste Art und Weise vom Bahnhof oder vom Flughafen zu deiner Unterkunft zu gelangen: zu Fuß, mit dem E-Bike, mit öffentlichen Verkehrsmitteln, mit Shuttle-Services – diese Möglichkeiten sind im Regelfall günstiger und nachhaltiger, als ganz allein im Taxi zu sitzen.

# ICH WÜRDE JA GERN NACHHALTIG REISEN, ABER …

**»… ich werde beim Reisen nicht auf meinen Luxus und meine Freiheit verzichten.«**

Möglichst nachhaltig zu reisen bedeutet nicht den totalen Verzicht auf alles, was Spaß macht. Nachhaltig zu reisen bedeutet vielmehr, sein eigenes Verhalten im Urlaub zu hinterfragen, es möglichst umweltfreundlich anzupassen und erlebnisreicher zu gestalten. Ist es wirklich nötig, für eine Woche Strandurlaub von Hamburg nach Bangkok um die halbe Welt zu fliegen? Oder kann ich mir den teuren Flug sparen und die Woche auch hier in Deutschland am Strand in der Sonne verbringen? Muss es wirklich ein All-inclusive-Urlaub in Ägypten sein, bei dem man im Grunde nichts von den Menschen und der Kultur vor Ort mitbekommt? Oder reicht auch Halbpension, sodass ich auch öfter mal in lokalen Restaurants essen gehe? Die Antworten auf solche Fragen entscheiden schlussendlich, wie nachhaltig deine Reise wird. Aber sie nehmen dir auf Reisen mit Sicherheit nicht den Luxus und die Freiheit.

**»… wer im Urlaub nachhaltig bleiben will, muss sich in seiner Unterkunft einschließen!«**

Natürlich ist es besonders nachhaltig, den ganzen Tag regungslos auf einem Stuhl zu sitzen. Das ist mit Nachhaltigkeit allerdings nicht gemeint. Deine Reise und die Kommunikation mit Einheimischen des Reiselandes leisten beiläufig auch immer einen wichtigen Beitrag zum Austausch zwischen fremden Kulturen. Zudem fördert dein Geld, das du zum Beispiel für eine leckere, landestypische Mahlzeit in einem lokalen Restaurant ausgibst, auch die Wirtschaft vor Ort. Das sind nur zwei von vielen Beispielen dafür, dass du mit deinem Verhalten auch einen nachhaltigen Effekt erzielen kannst, ohne dich in deinem Hotelzimmer einzuschließen. Verzichten solltest du lediglich auf die Dinge, die der lokalen Bevölkerung, den einheimischen Tieren oder der Umwelt schaden.

**»... wenn ich Urlaub mache, werde ich doch keinen Müll von anderen aufsammeln.«**

Seinen Müll nicht in die Umwelt zu werfen, sollte selbstverständlich sein. Den Müll anderer Menschen aus der Umwelt zu holen, ist eine mehr als großartige Tat und bestätigt das Verständnis dafür, dass man als Tourist durch seinen Konsum grundsätzlich ein Teil des Müllproblems vor Ort ist. Du musst ja nicht stundenlang Hunderte Meter Strand aufräumen - jedes Plastikteil zählt und kann Leben von Seevögeln und Meeressäugern retten. Und wenn dann noch andere Menschen freiwillig mithelfen und du das Vorher-nachher-Foto eurer Arbeit siehst - dann ist es einfach ein unbeschreiblich gutes Gefühl.

**»... wer nachhaltig reist, darf auch nur bio und vegan essen!«**

Zum einen sei erst einmal gesagt, das Bioprodukte - auch wenn es meist der Fall ist - nicht zwangsläufig immer nachhaltig sind. Noch mehr lohnt es sich, ganz bewusst auf saisonale Lebensmittel aus der Region deines Urlaubslandes zu setzen. Zum anderen geht es bei nachhaltigem Reisen nicht darum, alles perfekt zu machen. Es kommt viel mehr darauf an, sich in fremden Ländern respektvoll und achtsam zu verhalten und dabei die Umwelt sowie das Leben der Menschen vor Ort nicht negativ zu beeinträchtigen. Jede kleine, gute Tat zählt.

# ABREISE

»Im Abschied ist die Geburt der Erinnerung.«

SALVADOR DALÍ

## Zahlen & Fakten:

- 2018 lag die durchschnittliche Reisedauer von deutschen Urlaubern bei etwa 12 Tagen. Im Jahr 1997 waren es noch 16 Tage.[114]
- Die durchschnittlichen Treibhausgasemissionen einer deutschen Familie durch Fernreisen lagen im Jahr 2019 bei 21 313 Kilogramm $CO_2$.[115]
- 71 Prozent der Deutschen finden eine deutlich höhere Steuer auf Flugtickets und die damit verbundene Preiserhöhung als Klimaschutzmaßnahme gut.[116]
- 2014 waren weltweit etwa 21 Millionen Menschen auf Kreuzfahrtschiffen unterwegs – pro Person wurden dabei täglich 32 Liter Abwasser produziert.[117]
- Im internationalen Durchschnitt verursacht eine Reise etwa 250 Kilogramm $CO_2$.[118]

Die Reise neigt sich dem Ende zu. Die Koffer sind für die Rückreise gepackt und alle schönen Bekanntschaften und zuvorkommenden Gastgeber wurden freundlich verabschiedet. Wenn du die Grundregeln des nachhaltigen Reisens eingehalten hast, dann verlässt du deinen Urlaubsort jetzt als Freund und nicht als Hotelgast Nummer 08/15. Nachhaltigkeit solltest du aber weiterhin großschreiben. Denn auch bei der Abreise und sogar noch Wochen und Jahre danach kannst du einen Beitrag zur nachhaltigen Entwicklung unserer globalen Gesellschaft leisten. Wie wäre es zum Beispiel, wenn du die letzten Lebensmittel in deinem Kühlschrank oder eine aufblasbare Luftmatratze an andere Gäste deiner Unterkunft verschenkst, anstatt sie dort einfach in den Müll zu werfen? Das macht vor allem Sinn, wenn der eigene Koffer am Ende der Reise wie so häufig aus allen Nähten platzt. Auch die Treibhausgase, die durch deine Reise ausgestoßen wurden, lassen sich durch eine Spende kompensieren. Nachhaltig in einem anderen Sinne kann auch das Versprechen sein, dich per Postkarte oder Internet bei deinen Freunden vor Ort zu melden. Denke immer an den Spruch: »Nehmen füllt die Hand. Geben füllt das Herz.« Gib den Menschen an deinen Reisezielen immer etwas zurück. Und lerne aus eigenen Fehlern der unterschiedlichsten Art, um deine zukünftigen Ausflüge noch persönlicher, lehrreicher und nachhaltiger zu gestalten. Auch wenn jede Reise irgendwann einmal ihr Ende findet, so sind die einzigartigen erlebten Momente und entstandenen Freundschaften dennoch unvergänglich. Erst machen dich deine Eindrücke sprachlos – und dann verwandeln sie dich in einen strahlenden Geschichtenerzähler.

# EMISSIONEN KOMPENSIEREN

Solange du die Reise nicht ausschließlich zu Fuß oder mit dem Fahrrad unternommen hast, ist es im Grunde unmöglich, dabei emissionsfrei zu bleiben. Gerade die Flüge in die Ferne haben größten Einfluss auf das globale Klima. Und allein bei einer einwöchigen Kreuzfahrt wird so viel Kohlendioxid emittiert, wie durch Fahren von 9000 Kilometern mit einem Mittelklassewagen entstehen würde.[119] Diejenigen von uns, die viel unterwegs sind, haben dadurch ganz automatisch Schwierigkeiten, ihr persönliches jährliches Klimabudget von 2300 Kilogramm $CO_2$ einzuhalten.[120] Das gilt aber grundsätzlich auch für den Großteil aller Deutschen, wenn man den durchschnittlichen $CO_2$-Ausstoß von 8700 Kilogramm pro Kopf heranzieht.[121] In unserem Alltag, aber besonders nach einem Urlaub haben wir jedoch jederzeit die Chance, unsere übermäßigen Emissionen durch eine Spende an einen sogenannten Kompensationsdienstleister wie atmosfair.de oder myclimate.org auszugleichen, die ihre Einnahmen in Klimaschutzprojekte investieren, mit deren Hilfe Treibhausgase gebunden oder verhindert werden. Beispielsweise werden mit den Geldern die Renaturierungen von Hochmooren in Deutschland vorangetrieben, aber es werden auch Photovoltaik- und Solaranlagen im Senegal oder Windparkanlagen in Nicaragua aufgebaut. Du förderst dadurch also den Ausbau erneuerbarer Energien in Ländern, in denen bis dahin Strom noch größtenteils mit fossilen Energieträgern wie Kohle oder Erdöl erzeugt wird. Um die exakte Menge des $CO_2$-Ausstoßes für deinen Hin- und Rückflug zum Reiseort zu neutralisieren, gibst du auf der Website der Anbieter einfach nur Start und Ziel deiner Flüge und ein paar zusätzliche Informationen wie nötige Zwischenstopps, die Beförderungsklasse und die Anzahl der Reisenden an. Im Anschluss erfährst du, wie hoch die $CO_2$-Emissionen deiner Hin- und Rückreise waren und welchen Betrag du spenden kannst, um diesen Verbrauch zu kompensieren. Achte bei der Auswahl deines Kompensationspartners unbedingt darauf, dass die unterstützten Projekte dem CDM Gold Standard unterliegen. Das ist das strengste existierende Zertifizierungsprogramm für Klimaschutzprojekte und gibt dir die Gewissheit, dass das Geld auch dort ankommt, wo es gebraucht wird.

Die $CO_2$-Kompensation ist sicher nicht das Allheilmittel. Denn schlussendlich gelangen immer noch zu viele Treibhausgase durch den Tourismus und andere energieintensive Branchen in die Atmosphäre. Daher ist es natürlich noch nachhaltiger, den Treibhausgasausstoß des eigenen Verhaltens gezielt zu reduzieren. Grundsätzlich halten wir aber fest: Jede kompensierte $CO_2$-Emission ist besser als jede nicht kompensierte.

# FEEDBACK GEBEN

Wie das Beispiel mit den plattgetrampelten Mohnfeldern bestätigt, intensiviert die zunehmende globale Vernetzung in den sozialen Medien die Auswirkungen des Massentourismus. Doch wer genau hinschaut, erkennt, dass die Digitalisierung Fluch und Segen zugleich ist. Jeder von uns kann die Reichweite von Facebook, Instagram oder von Bewertungsportalen nutzen, um andere Urlauber vor Missständen zu warnen oder auch besonders nachhaltig denkende Gastgeber weiterzuempfehlen. Wenn ich ein Restaurant mit einem vielfältigen veganen oder vegetarischen Angebot entdeckt habe, trage ich es zum Beispiel einfach in der App von »HappyCow« ein. Auf diese Weise fördere ich den großen Mehrwert der App, dass ihre Nutzer möglichst schnell eine großartige Anlaufstelle für ein umweltfreundliches, leckeres Essen in ihrer Nähe finden. Großes Potenzial, langfristig mehr Nachhaltigkeit zu bewirken, sehe ich aber vor allem in echten Verbesserungsvorschlägen für Unterkünfte, Fluggesellschaften oder andere Menschen und Organisationen, die Teil deiner Reise waren. Nichts ist schlimmer, als Probleme zu beobachten und anschließend nur darüber zu meckern. Stattdessen kannst du das Hotelpersonal sowohl vor Ort als auch später per E-Mail oder in Form einer Onlinebewertung darauf hinweisen, dass du dir für die Zukunft ein größeres vegetarisches Angebot oder plastikfrei verpackte Stückseife anstatt der Shampoo-Pröbchen wünschst. Ähnliches gilt auch für deine Beobachtungen im Flugzeug. Weise die Verantwortlichen während des Fluges oder in der Zeit danach freundlich darauf hin, dass du dir wünschst, dass die Airline Einwegplastik bei Besteck oder Becher zukünftig durch wiederverwendbare Alternativen ersetzen würde. So können wir alle das menschliche Verhalten auf dieser Erde jeden Tag unseres Lebens ein Stückchen nachhaltiger gestalten. Alles, was dafür zu tun ist, ist, miteinander zu kommunizieren, mit dem Ziel, kleine und auch große Probleme zu lösen.

# ERINNERUNGEN BEWAHREN

Was wäre eine Reise wert, wenn man dabei ausschließlich Dinge getan und erlebt hätte, die nur ein paar stressige Bürotage darauf schon wieder in Vergessenheit geraten sind? Wofür dann der teure, umweltbelastende Urlaub, wenn die Urlaubserholung nur kurzzeitig ist und man langfristig überhaupt nichts davon hat? Für mich ist ein Reiseerlebnis erst dann wirklich wertvoll, wenn es auch noch Jahre danach in einer detaillierten Art und Weise einen Platz in meinem Gedächtnis hat und jederzeit in der Lage ist, mir bei Bedarf ein Lächeln ins Gesicht zu zaubern. Zu den meisten dieser Erlebnisse kam es übrigens überhaupt nur, weil ich nicht meinen gesamten Aufenthalt, Unterkünfte und Erlebnisse strikt durchgeplant habe. Es wäre für mich unglaublich schade, wenn ich mich heute nicht mehr an Neel, Afroz und Pragati erinnern könnte, mit denen ich meine Zeit in Mumbai verbracht und die Strände vor Ort aufgeräumt habe. Von Afroz' Großzügigkeit, uns alle nach einem Cleanup zum Essen in seine Wohnung einzuladen, erzähle ich heute noch besonders gern. Nach meiner Abreise habe ich mein Versprechen eingelöst, mich zu melden, sobald ich wieder in Deutschland angekommen bin. Daraus sind schlussendlich echte Freundschaften entstanden, die wir über die sozialen Medien ziemlich unkompliziert pflegen können. Es ist wirklich ein großartiges Gefühl, wenn sich Menschen in anderen Ländern auch noch an dich erinnern, obwohl deine Abreise aus ihrer Heimat schon eine halbe Ewigkeit her ist. Versprechen einlösen, Erinnerungen bewahren und einzigartige Momente mit anderen Menschen teilen – auch das bedeutet Nachhaltigkeit.

Eine schöne Erinnerung haben meine Frau und ich auch an Gerard, von dem wir nach einer Aufräumaktion am Strand von Kapstadt ein Füllhorn an Eindrücken seiner Arbeit als Straßenkünstler erhalten haben. Sein Bild der Mama Afrika ziert heute in bester Erinnerung an ihn und unseren Aufenthalt vor Ort unsere Wohnzimmerwand. Tausende großartige Momente gehen mir durch den Kopf, wenn ich meine Gedanken über das Erlebte schweifen lasse. Ob Souvenirs, Bilder, Briefe oder bestimmte Situationen einige Erinnerungen an einen einzigartigen Urlaub in dir hervorrufen – wichtig ist, dass sie immer in dir schlummern und dich als Mensch für den Rest deines Lebens bereichern.

# NACHHALTIG ABREISEN: TIPPS & TRICKS

**Sondermüll wieder mitnehmen:** Zum Beispiel können Batterien in vielen Ländern nicht fachgerecht entsorgt werden. Nimm sie deshalb wieder mit nach Deutschland. Zu Hause kannst du sie dann bei nahezu allen Läden abgeben, die Batterien verkaufen – oder sie direkt zum Wertstoffhof bringen.

**Vorschläge für mehr Nachhaltigkeit machen:** Selbst wenn du nicht in einer zertifizierten, nachhaltigen Unterkunft nächtigst, kannst du den Verantwortlichen dennoch konkrete Verbesserungsvorschläge präsentieren, damit sie sich in Zukunft mehr für umweltschonenden Tourismus engagieren. Auf der folgenden Website können Anbieter zum Beispiel Umweltsiegel beantragen oder erfahren, inwiefern sie einen ökologischen Beitrag leisten können: www.fairunterwegs.org/tourismusbranche/verantwortungsvolles-reisen-anbieten

**Dinge verschenken:** Am Ende einer Reise bleiben bei vielen Urlaubern Lebensmittel, aufblasbare Luftmatratzen oder Dinge übrig, die einfach nicht mehr in den Koffer passen wollen. Indem du sie verschenkst, anstatt sie wegzuwerfen, kannst du anderen im Regelfall noch eine Freude bereiten und ihnen vermeidbare Kosten ersparen – und gleichzeitig natürliche Ressourcen schonen.

**Holzzahnbürste wiederverwenden:** Natürlich ist auch eine Zahnbürste aus Holz irgendwann aufgebraucht. Die Holzstücke kannst du jedoch beispielsweise noch sehr gut für dein heimisches Kräuterbeet wiederverwenden, indem du sie beschriftest und so rustikale Pflanzschilder zauberst.

**Tourismusbranche beruflich unterstützen:** Vielleicht kannst du dir ja auch vorstellen, nicht nur nachhaltig zu reisen, sondern auch nachhaltiges Reisen in deinem Berufsleben zu fördern. Die Branche wächst enorm, sodass immer aussichtsreichere Jobchancen bei Reiseveranstaltern, Reisebüros und Unterkünften, aber auch für Verkehrs-, Gesundheits-, Sport-, Gastronomie-, Freizeit-, Kultur- und Erholungsdienstleistungen entstehen. Sieh dich doch einfach mal dahingehend auf den gängigen Jobportalen um. Wäre doch toll, wenn dein Traumjob nicht nur spannend, sondern sogar nachhaltig wäre!

**Nachhaltigkeit weiterentwickeln:** Vielleicht war der umweltfreundliche Urlaub ja für dich einer deiner ersten Schritte in ein bewusst nachhaltigeres Leben. Versuche dranzubleiben, es lohnt sich. Wechsle im nächsten Step zum Beispiel zu einem Ökostromanbieter oder gehe regelmäßig auf dem lokalen Wochenmarkt einkaufen anstatt im überregionalen Supermarkt.

**Eigenen Garten in ein Naturparadies verwandeln:** Warum nur zwei, drei Male im Jahr verreisen, wenn man auch jeden Tag einen »Urlaub in a Nutshell« im eigenen Garten genießen kann? Schenke Bienen, Hummeln und Igeln Unterschlupf mit Totholz- oder Laubhaufen, sorge für einen gesunden Mix aus Wildblumen, Büschen und Bäumen und biete der Tierwelt auch mit einem Teich eine grundlegende Trinkwasser- und Nahrungsquelle. So schaffst du bei dir zu Hause ein lebendiges Mekka der Artenvielfalt und kannst dem täglichen Vogelgezwitscher gemütlich in der Hängematte lauschen.

**Aus Gesprächen lernen:** Vielleicht bist du auch auf Menschen gestoßen, die trotz aller Schicksalsschläge in ihrem Leben ein Lächeln auf dem Gesicht tragen. Nutze diese positive Einstellung für deine Zukunft und mache dir langfristig bewusst, was echte und was im Vergleich vielleicht überdramatisierte Probleme sind.

**Auch von Problemen im Reiseland berichten:** Ob andere Touristen oder Freunde und Familie – kläre auch andere Menschen über Missstände durch den Tourismus auf. Erzähle zum Beispiel davon, wenn du schreckliche Tierquälerei bei Tiershows, beim leider üblichen Kamel- und Elefantenreiten oder bei Fotoshootings mit Tieren beobachtet hast. Das ist langfristig entscheidend dafür, dass immer weniger Urlauber solche fragwürdigen »Touristenattraktionen« unterstützen.

**Petitionen starten, unterzeichnen und teilen:** Vielleicht hast du ja während deines Urlaubs einen gesellschaftlichen oder ethischen Missstand bemerkt. Zum Beispiel die nicht artgerechte Haltung von Delfinen als Touristenattraktion in einem Delfinarium, wodurch die Tiere psychisch und physisch leiden. Auf Onlineplattformen wie change.org kannst du dann eine neue »digitale Unterschriftenaktion« starten oder eine bestehende unterstützen, um die Betreiber oder auch Urlaubsveranstalter dazu aufzufordern, diese Missstände zu beenden beziehungsweise nicht weiter zu unterstützen.

# ICH WÜRDE JA GERN NACHHALTIG REISEN, ABER ...

**»... Unterstützung sozialer Projekte – da weiß ja niemand, ob tatsächlich geholfen wird. Alles Greenwashing!«**

Und dann unterstützt du lieber gar nicht? Mit der Ausrede machst du es dir ein bisschen zu leicht. Schließlich kannst du weder das eine noch das andere beweisen. Mit Sicherheit gibt es auch Organisationen, die nicht so handeln, wie man sich das von ihnen wünscht. Solltest du da schlechte Erfahrungen gemacht haben, suche dir doch eine Organisation aus, der du traust und die die finanzielle Unterstützung gebrauchen kann. Mehr Sicherheit hast du vor allem bei den Anbietern, die ihre Angebote nach dem CDM Gold Standard zertifizieren lassen. Wenn du dem Ganzen dann immer noch nicht trauen solltest, kannst du auch ohne klassische $CO_2$-Kompensation ein Klimaschutzprojekt deiner Wahl unterstützen.

**»... die Strände sind voller ekligem Plastikmüll – da brauchst du nicht hin!«**

Ich kann mir gut vorstellen, wie schlimm es an vielen Stränden aussieht. Doch das Lastern über andere Länder löst das Problem natürlich auch nicht. Versuche zu reflektieren, was die Gründe dafür sein könnten und wie das Problem zu lösen ist. Wir leben in Deutschland – einem Industrieland mit fortschrittlichem Recyclingsystem. Dennoch exportieren wir jährlich rund 13 Prozent unseres Plastikmülls in Länder, die sowieso schon ein erhebliches Müllproblem haben.[122] In den meisten

Entwicklungsländern gibt es überhaupt noch keine funktionierenden Recyclingsysteme – dennoch verkaufen unsere Großkonzerne ihre Einwegplastikprodukte in diesen Ländern. Plastikmüll ist dort mit Sicherheit ein massives Problem, aber wir machen in Deutschland nicht weniger Plastikmüll. Er wird nur regelmäßig abgeholt – aus den Augen, aus dem Sinn. Deshalb finde ich es sinnvoller, sich selbst ein Bild von der Problematik zu machen und eventuell auch Lösungsvorschläge für eine saubere Zukunft des Landes mitzugestalten.

**»... ich lasse mir meinen wohlverdienten Urlaub nicht kaputt machen – ob es dir passt oder nicht.«**

Niemand will dir den Urlaub kaputt machen und ich habe auch nichts dagegen, dass du reist. Schließlich arbeitest du hart und möchtest deine Urlaubstage sicher möglichst erholsam verbringen. Das Schöne am nachhaltigen Reisen ist, dass es gar nicht so sehr mit Verzicht einhergeht und dass es vielen Umweltproblemen unserer Zeit entgegenwirkt. Es ist sogar ziemlich entspannt umsetzbar. Wähle zum Beispiel vor deiner nächsten Reise einfach mal eine Unterkunft, die das TourCert-Siegel für nachhaltigen Tourismus erhalten hat. Am Reiseort kannst du zum Beispiel auf tierquälende Aktivitäten wie das Elefantenreiten verzichten und stattdessen ein leckeres Wine Tasting unternehmen. Du kannst auch auf eine Plastiktüte beim Supermarkt verzichten, indem du die Einkäufe in deinen Rucksack legst. Damit ist dein Urlaub bereits deutlich nachhaltiger und trotzdem alles andere als »kaputt«.

**»... Müll sammeln soll aufklärend sein? Wenn du zurück in Deutschland bist, machen die da eh weiter Müll wie vorher!«**

Es können nicht alle Menschen über einen Kamm geschoren werden. Natürlich wird es Unterstützer geben, für die es eine einmalige Aufräumaktion am Strand war. Dennoch haben sie ihren Beitrag geleistet und etwas gegen den Plastikmüll in der Umwelt getan. Jeder, der solche Clean-ups beginnt oder unterstützt, kennt diese Umweltproblematik und wird in Zukunft mit Sicherheit nicht mehr, sondern eher weniger Müll produzieren. Und es besteht auch die Chance, dass es weitererzählt wird. Das Müllsammeln am Strand ist also nicht nur ein kurzfristiger Erfolg in Form eines sauberen Strandes, sondern kann auch langfristig dazu beitragen, dass Menschen weniger Müll in die Umwelt werfen und häufiger Aufräumaktionen starten. Mit deiner Aussage hältst du leider nur die Menschen auf, die bereit sind, diesen Beitrag für eine saubere Natur zu leisten.

# AUSBLICK

»Die Gefährlichste aller Weltanschauungen ist die Weltanschauung der Leute, welche die Welt nicht angeschaut haben.«

ALEXANDER VON HUMBOLDT

## Zahlen & Fakten:

- 2030 soll es jährlich etwa 1,8 Milliarden Touristen auf der ganzen Welt geben.[123]
- Die Internationale Zivilluftfahrtorganisation (ICAO) rechnet bis 2036 mit einer jährlichen Steigerungsrate von 4,8 Prozent im zivilen Passagierflugverkehr.[124]
- Trotz zunehmender Effizienz wird damit gerechnet, dass sich der Energieverbrauch des Tourismus bis 2040 verdoppeln wird.[125]
- Wir können uns darauf einstellen, dass sich der Wasserverbrauch im Tourismusbereich von 138 Kubikkilometer im Jahr 2010 auf 265 Kubikkilometer im Jahr 2050 nahezu verdoppeln wird.[126]
- Sollten wir nicht aus unseren Fehlern lernen, wird sich auch der Flächenverbrauch durch den Tourismus von etwa 62 000 Quadratkilometern im Jahr 2015 auf rund 178 700 Quadratkilometer im Jahr 2050 beinahe verdreifachen.[127]

Abgesehen davon, dass die Überschrift eines Schlusswortes selten so gut gepasst hat wie bei einem Buch über das Reisen, sorgt bei mir auch die wachsende Nachfrage nach umweltfreundlichem Urlaub[128] für ein verschmitztes Lächeln. Das Angebot entwickelt sich weiter, sodass nachhaltiges Reisen zukünftig noch einfacher werden wird. Aber wie du weißt, ist es damit nicht getan. Unsere Welt verändert sich zwar stetig, doch der zumindest für den Urlauber stressfreie, aber eben auch seelenlose Massentourismus hat immer noch die Oberhand. Der Tag rückt näher, an dem auch Weltraumreisen massentauglich werden. Immer weiter, immer schneller, immer höher, immer zentrierter, immer mehr. Vielleicht wandern wir irgendwann auch nur noch virtuell durch Bilder ehemaliger Landschaften, indem wir uns eine überdimensionierte Datenbrille aufsetzen. Kann man dann noch von Reisegenuss sprechen? Wer weiß das schon.

Wir müssen es ja nicht den Pinguinen gleichtun – und das Fliegen völlig verlernen. Doch es braucht eine gefestigte Einstellung jedes Einzelnen und den stetigen Glauben daran, dass man mit nachhaltigem Reisen die Welt entdecken kann, ohne sie zu gefährden. Wir müssen lernen, nicht mehr blind der trampelnden Masse zu den gerade angesagtesten Urlaubszielen zu folgen, bis sie dann zerstört und eben nicht mehr so attraktiv sind. Wir müssen lernen, ein Teil der Lösung der durch den Tourismus provozierten Umweltprobleme zu werden. Als Urlauber müssen wir wertschätzen, dass wir auch in unserer Nähe einen erholsamen Urlaub mit dem gewünschten Erholungseffekt erzielen können. Als Reiseveranstalter und Reiseziel müssen wir bewusst langsames, aber dafür hochwertiges Reisen ermöglichen. Wir alle müssen langfristiger denken und verstehen, dass es viel schöner ist, Geschichten zu erzählen, als nur ein paar Gegenstände zeigen zu können.

Die Herausforderung ist riesig. Am Ende liegen die Chancen für Reisende und auch für die gesamte Tourismusbranche in ungewöhnlichen, aber spannenden, in lokalen, aber persönlichen, in hochwertigen, aber ehrlichen und in verantwortungsbewussten, aber mitreißenden Urlaubsangeboten und einer entschleunigten Art des Reisens. Ob unsere Kinder und Enkelkinder in 100 Jahren auch noch an einzigartigen, sauberen Stränden liegen, die Luft atmen, ohne zu husten, und Schildkröten beim Schlüpfen am Strand mit großen Augen beobachten können – das liegt in unseren Händen. Wir können selbst entscheiden, ob wir ein Teil der trampelnden Masse sein wollen – oder ein Teil der Lösung.

# DANKE!

Neue Erlebnisse und erholsame oder aufregende Reisemomente sind etwas, wonach wir alle tief in unserem Innersten streben. Für ein Buch, das dafür sorgen soll, dass wir und auch zukünftige Generationen diesem Streben möglichst nachhaltig und noch ewig nachgehen können, ist dementsprechend auch ein großer Rechercheaufwand notwendig, den ich allein niemals bewältigt hätte. Deshalb gilt mein größter Dank vor allem meiner Frau Katharina, mit der ich nicht nur mein Leben, sondern auch alle noch so kleinen Reisemomente teile. Ich danke meiner Mama für das Korrekturlesen und meinem Kumpel Philip für die zusätzliche Inspiration. Ein besonderer Dank gilt auch Moritz für die Ratschläge und den unermüdlichen Einsatz für eine immer umweltfreundlicher reisende Gesellschaft. Mein Dank richtet sich ebenso an Elena, Andrea und all die anderen großartigen Menschen, die sich für dieses Buch eingesetzt haben, um anderen das verantwortungsbewusste Reisen schmackhaft zu machen – vom Verlagsvertreter über die Lektoren und alle anderen Korrekturleser, Designer, Buchhändler bis hin zum ausliefernden Postboten. Danke an alle Mitglieder meiner wundervollen Community, die dieses Buch mit ihren – auch für mich teils überraschenden – Tipps noch einmal zusätzlich rund geschliffen haben. Natürlich gilt mein großer Dank auch den Menschen, die ich bei meinen bisherigen Reisen kennenlernen durfte, und denjenigen, durch die ich in beruflichen wie privaten Diskussionen stetig dazulernen kann. Ich möchte auch ganz besonders dir danken, lieber Leser. Dafür, dass du dieses Buch gerade in den Händen hältst und damit zum Ausdruck bringst, dass du dir unserer Verantwortung bewusst bist. Ich wünsche dir und allen anderen Unterstützern eine jederzeit sichere und erfahrungsreiche Reise – vielen Dank!

# INFORMATIONEN

Du willst noch mehr Informationen über die in diesem Buch bereitgestellten Inhalte bekommen? Ich habe dir hier ein paar hilfreiche Websites zusammengestellt, um deine nächste Reise noch nachhaltiger zu gestalten.

Bund für Umwelt und Naturschutz Deutschland: **www.bund-reisen.de**
CareElite Reise Blog: **www.careelite.de/blog/reisen**
forum anders reisen e. V.: **www.forumandersreisen.de**
World Wide Fund For Nature (WWF): **www.wwf.de**
Umweltbundesamt: **www.umweltbundesamt.de**
fairkehr GmbH: **www.wirsindanderswo.de**
bookitgreen UG: **www.bookitgreen.com**
fair unterwegs: **www.fairunterwegs.org**
atmosfair gGmbH: **www.atmosfair.de**

# AUTOR

**Christoph Schulz** ist Unternehmer, Masterstudent der Umweltwissenschaften und kämpft gemeinsam mit seiner Community für den Erhalt unseres Planeten. Als gelernter Bankkaufmann und studierter Online-Marketer bringt er mit dem Projekt »CareElite – Be Natural Change« seine wirtschaftlichen Fähigkeiten mit seiner Leidenschaft für den Umweltschutz in Einklang. Seit Anfang 2017 schließen sich immer mehr Menschen seinem großen Ziel an, die Welt vom Plastikmüll und anderen menschengemachten Umweltbelastungen zu befreien.

**www.careelite.de**

Neben Tipps und Tricks für nachhaltiges Reisen erhältst du hier Inspirationen für eine gesunde Ernährung, Müllvermeidung im Alltag, einzigartige Momente aus der Tierwelt und alles Wissenswerte rund um das Thema Umweltschutz. Gemeinsam mit anderen engagierten Bloggern möchte ich hier das Umweltbewusstsein unserer Gesellschaft schärfen.

**www.facebook.com/groups/careeliteconnect**

Diskutiere mit Gleichgesinnten in unserer Facebook-Community über einen nachhaltigen Alltag. Teile deine persönlichen Reiseerfahrungen mit anderen und lasse dich auch von den Ideen anderer für mehr Nachhaltigkeit im Alltag begeistern. Wir lernen hier gemeinsam, die Welt jeden Tag ein Stückchen besser zu machen.

**www.facebook.com/groups/careeliteglobal**

Du möchtest auch gern den Müll aus der Umwelt holen und selbst mit anpacken? Dann werde hier Teil unserer weltweiten »Nature & Beach CleanUp Group« auf Facebook. Menschen aus der ganzen Welt teilen hier Termine und Bilder ihrer Aufräumaktionen im Kampf gegen den Plastikmüll in der Umwelt – und auch du kannst dabei sein. Suche dir einen Organisator in deiner Nähe aus und unterstütze ihn bei seinen regelmäßigen Clean-ups. Das funktioniert auch wunderbar bei deiner nächsten Urlaubsreise.

**www.careelite.de/nachhaltige-jobs-stellenangebote/**

Im nachhaltigen Jobportal meines Blogs möchte ich in Zusammenarbeit mit goodjobs.eu besonders die ausgeschriebenen Stellenangebote in den Fokus stellen, die auch deinen Arbeitsalltag nachhaltiger machen können. Falls du also gerade auf der Suche nach einem Job mit Mehrwert für dich, unsere Umwelt und unsere Gesellschaft bist, dann wirst du hier vielleicht fündig. Auch in der nachhaltigen Tourismusbranche sind deine Jobchancen riesig!

# BILDNACHWEIS

S. 12/13: Shutterstock/Juan Carlos L. Ruiz
S. 18: Shutterstock/Simone Hogan
S. 35: Shutterstock/Bram Smits
S. 37: Shutterstock/SewCream
S. 50/51: Shutterstock/Jacob Lund
S. 56: Shutterstock/Dudarev Mikhail
S. 57 oben: Shutterstock/Peera_stock-foto
S. 57 unten: Shutterstock/bodiaphvideo
S. 58 oben: Shutterstock/Irina Fischer
S. 58 unten: Shutterstock/anatoliy_gleb
S. 59: Shutterstock/Daxiao Productions
S. 60 oben: Shutterstock/GillianVann
S. 60 unten: Shutterstock/www.julian.pictures
S. 61: Shutterstock/Denis Belitsky
S. 62 oben: Shutterstock/khorkins
S. 62 unten: Shutterstock/Stanislav71
S. 63: Shutterstock/Cindy Creighton
S. 67 oben: Shutterstock/footageclips
S. 67 unten: Christoph Schulz
S. 68 oben: Shutterstock/Stephan Hockenmaier
S. 68 unten: Shutterstock/Marcus_Hofmann
S. 69 oben: Shutterstock/Geert Van Keymolen
S. 69 unten: Shutterstock/Mikalai Nick Zastsenski
S. 70: Shutterstock/Christian Mueller
S. 71: Shutterstock/Linda George
S. 72 oben: Shutterstock/Tatiana Popova
S. 72 unten: Shutterstock/Chaiyabutra
S. 73: Shutterstock/Maxim Blinkov
S. 77: bookitgreen/Moritz Hintze
S. 78: bookitgreen/Moritz Hintze
S. 79: bookitgreen/Moritz Hintze
S. 97: Shutterstock/CrispyPork
S. 111: Shutterstock Igisheva Maria
S. 132/133: Shutterstock/Olga Danylenko
S. 136: Shutterstock/Monkey Business Images
S. 144: Shutterstock/Sebastien Burel
S. 159: Shutterstock/everst
S. 175: Shutterstock/Popartic
S. 192/193: Shutterstock/stock_wichel

# ANMERKUNGEN

1 Inspiriert durch ein Zitat von Marc-Uwe Kling, Kabarettist: »Ja, wir könnten jetzt was gegen den Klimawandel tun, aber wenn wir dann in 50 Jahren feststellen würden, dass sich alle Wissenschaftler doch vertan haben und es gar keine Klimaerwärmung gibt, dann hätten wir völlig ohne Grund dafür gesorgt, dass man selbst in den Städten die Luft wieder atmen kann, dass die Flüsse nicht mehr giftig sind, dass Autos weder Krach machen noch stinken und dass wir nicht mehr abhängig sind von Diktatoren und deren Ölvorkommen. Da würden wir uns schön ärgern.«

2 Statista GmbH: »Weltweites Tourismusaufkommen nach Anzahl der Reiseankünfte in den Jahren 1950 bis 2019« (Stand: Januar 2020). https://de.statista.com/statistik/daten/studie/37123/umfrage/weltweites-tourismusaufkommen-nach-reiseankuenften-seit-1950. [10.03.2020].

3 Statista GmbH: »Pro-Kopf-CO2-Emissionen nach ausgewählten Ländern weltweit im Jahr 2017« (Stand: Oktober 2019). https://de.statista.com/statistik/daten/studie/167877/umfrage/co-emissionen-nach-laendern-je-einwohner. [10.03.2020].

4 atmosfair gGmbH: »Flugreisen und das persönliche Klimabudget«. https://www.atmosfair.de/de/gruenreisen/persoenliches_klimabudget. [10.03.2020].

5 WWF Deutschland: »Umweltverschmutzung durch Tourismus? Lieber nachhaltig reisen! | WWF Deutschland«. YouTube, 28.07.2016. https://www.youtube.com/watch?v=hrtvGoiOTHY. [10.03.2020].

6 WWF Deutschland: »Sommer, Sonne, Plastikmüll - das Mittelmeer erstickt im Plastik« (Stand: 17.06.2019). https://www.wwf.de/themen-projekte/meere-kuesten/plastik/sommer-sonne-plastikmuell-das-mittelmeer-erstickt-im-plastik/. [10.03.2020].

7 Norddeutscher Rundfunk; Tagesschau: »#kurzerklärt: Nachhaltiges Reisen - wie geht das?«. YouTube, 28.06.2019. https://www.youtube.com/watch?v=_eyOVzJql8Y. [10.03.2020].

8 1&1 Mail & Media GmbH; web.de: »Wenn Instagram zum Tourismusproblem wird« (Stand: 15.07.2019). https://web.de/magazine/reise/instagram-tourismusproblem-33788182. [10.03.2020].

9 WWF Deutschland: »Nachhaltigkeit im Tourismus - Ihr Urlaub und der Klimawandel« (Stand: 08.12.2016). https://www.wwf.de/aktiv-werden/tipps-fuer-den-alltag/umweltvertraeglich-reisen/tourismus-und-klimawandel. [10.03.2020].

10 Statista GmbH: »Anzahl der Flüge in der weltweiten Luftfahrt von 2014 bis 2019« (Stand: 2019). https://de.statista.com/statistik/daten/studie/411620/umfrage/anzahl-der-weltweiten-fluege. [10.03.2020].

11 Statista GmbH: Treibhausgas-Emissionen pro Person (in kg/$CO_2$-Äquivalent) im Urlaub nach Art der Reise und Urlaubsziel (Stand: August 2019). https://de.statista.com/statistik/daten/studie/30467/umfrage/emission-von-treibhausgas-im-urlaub. [27.05.2020].

12 atmosfair gGmbH: »Flugreisen und das persönliche Klimabudget«. https://www.atmosfair.de/de/gruenreisen/persoenliches_klimabudget. [10.03.2020].

13 Südwestrundfunk; SWR: »Kreuzfahrtschiff, Flieger oder Auto - wie viel darf ich reisen? | Odysso - Wissen im SWR«.09.05.2019, https://www.swr.de/wissen/odysso/aexavarticle-swr-77776.html. [14.05.2020].

14 atmosfair gGmbH: »Flugreisen und das persönliche Klimabudget«. https://www.atmosfair.de/de/gruenreisen/persoenliches_klimabudget. [10.03.2020].

15 NABU – Naturschutzbund Deutschland e. V.: »Plastikmüll und seine Folgen«. https://www.nabu.de/natur-und-landschaft/meere/muellkippe-meer/muellkippemeer.html. [11.05.2020].

16 N. Suchanek: »Die dunklen Seiten des globalisierten Tourismus« (Stand: 26.05.2002). https://www.bpb.de/apuz/25892/die-dunklen-seiten-des-globalisierten-tourismus. [27.05.2020].

17 A. Breitkopf: »Statistiken zum Thema Plastikmüll« (Stand: 30.04.2020). https://de.statista.com/themen/4645/plastikmuell. [07.05.2020].

18 NABU – Naturschutzbund Deutschland e. V.: »Plastikmüll und seine Folgen«. https://www.nabu.de/natur-und-landschaft/meere/muellkippe-meer/muellkippemeer.html. [10.03.2020].

19 Brot für die Welt; Tourism Watch: »Tourismus, Müll und Meer« (Stand: 20.09.2017). https://www.tourism-watch.de/de/schwerpunkt/tourismus-muell-und-meer. [11.03.2020].

20 S. Gössling; P. Peeters: »Eine Bewertung der Ressourcennutzung des Tourismus« (Stand: 18.09.2015). https://www.tourism-watch.de/de/schwerpunkt/eine-bewertung-der-ressourcennutzung-des-tourismus. [27.05.2020].

21 S. Gössling; P. Peeters: »Eine Bewertung der Ressourcennutzung des Tourismus« (Stand: 18.09.2015). https://www.tourism-watch.de/de/schwerpunkt/eine-bewertung-der-ressourcennutzung-des-tourismus. [27.05.2020].

22 S. Gössling; P. Peeters: »Eine Bewertung der Ressourcennutzung des Tourismus« (Stand: 18.09.2015). https://www.tourism-watch.de/de/schwerpunkt/eine-bewertung-der-ressourcennutzung-des-tourismus. [27.05.2020].

23 Brot für die Welt; Tourism Watch: »Eine Bewertung der Ressourcennutzung des Tourismus« (Stand: 18.09.2015). https://www.tourism-watch.de/de/schwerpunkt/eine-bewertung-der-ressourcennutzung-des-tourismus. [11.03.2020].

24 WWF Deutschland: »Was Garnelen mit dem Weltmangroventag zu tun haben« (Stand: 26.07.2017). https://blog.wwf.de/weltmangroventag. [12.05.2020].

25 https://www.travelbook.de/fliegen/airports/flughaefen-eroeffnung

26 Statista GmbH: »Weltweites Tourismusaufkommen nach Anzahl der Reiseankünfte in den Jahren 1950 bis 2019« (Stand: Januar 2020). https://de.statista.com/statistik/daten/studie/37123/umfrage/weltweites-tourismusaufkommen-nach-reiseankuenften-seit-1950. [27.05.2020].

27 WWF Deutschland: »Was Garnelen mit dem Weltmangroventag zu tun haben« (Stand: 26.07.2017). https://blog.wwf.de/weltmangroventag. [10.03.2020].

28 Umwelthelden e. V.: »Fleisch und Soja: Warum Massentierhaltung den Regenwald bedroht«. https://www.abenteuer-regenwald.de/bedrohungen/fleisch-soja. [11.03.2020].

29 C. Schwägerl; Spiegel Online: »Eine Million Arten vom Aussterben bedroht« (Stand: 06.05.2019). https://www.spiegel.de/wissenschaft/natur/artensterben-uno-bericht-beschreibt-dramatischen-verlust-der-artenvielfalt-a-1265482.html. [11.03.2020].

30 Umweltbundesamt: »Bodenversiegelung« (Stand: 12.02.2020). https://www.umweltbundesamt.de/daten/flaeche-boden-land-oekosysteme/boden/bodenversiegelung. [11.03.2020].

31 CNN Philippines: »Boracay undergoes major clean-up«. YouTube, 16.10.2018. https://www.youtube.com/watch?v=a3keo2T5Joc. [10.03.2020].

32 Frank Herrmann (2018): FAIRreisen. Oekom-Verlag, 2018, S. 44.

33 Sebastian Ertinger; Handelsblatt (2019): »Sand wird zur Schmuggelware – Raubbau an einem wichtigen Rohstoff« (Stand: 13.06.2013). https://www.handelsblatt.com/unternehmen/energie/raubbau-an-einem-wichtigen-rohstoff-er-kann-arabern-sand-verkaufen/8301722-4.html. [11.03.2020].

34 Evangelischer Entwicklungsdienst e. V. (EED): »Alles was Recht ist – Menschenrechte und Tourismus – Impulse für eine menschenrechtlich orientierte Tourismusentwicklung« (Stand: Januar 2011). https://www.tourism-watch.de/system/files/migrated/Alles_was_Recht_ist.pdf. [12.05.2020].

35 N. Suchanek: »Die dunklen Seiten des globalisierten Tourismus« (Stand: 26.05.2002). https://www.bpb.de/apuz/25892/die-dunklen-seiten-des-globalisierten-tourismus. [27.05.2020].

36 Evangelischer Entwicklungsdienst e. V. (EED): »Alles was Recht ist – Menschenrechte und Tourismus – Impulse für eine menschenrechtlich orientierte Tourismusentwicklung« (Stand: Januar 2011). https://www.tourism-watch.de/system/files/migrated/Alles_was_Recht_ist.pdf. [12.05.2020].

37 Südwestrundfunk (SWR): »Mount Everest – Klettern für die Träume anderer am höchsten Berg der Welt«. YouTube, 24.05.2018. https://www.youtube.com/watch?v=Ta8GhGssNmE. [10.03.2020].

38 Christian Schwägerl; Spiegel Online: »Eine Million Arten vom Aussterben bedroht« (Stand: 06.05.2019). https://www.spiegel.de/wissenschaft/natur/artensterben-uno-bericht-beschreibt-dramatischen-verlust-der-artenvielfalt-a-1265482.html. [11.03.2020].

39 Evangelischer Entwicklungsdienst e. V. (EED): »Alles was Recht ist – Menschenrechte und Tourismus – Impulse für eine menschenrechtlich orientierte Tourismusentwicklung« (Stand: Januar 2011). https://www.tourism-watch.de/system/files/migrated/Alles_was_Recht_ist.pdf. [11.03.2020].

40 Frank Herrmann (2018): FAIRreisen. Oekom-Verlag, 2018, S. 122.

41 L. Jäger: »Riskante Abhängigkeit« (Stand: März 2019). https://www.welt-sichten.org/artikel/35799/tourismus-riskante-abhaengigkeit. [27.05.2020].

42 S. Koller: »Diese Länder sind besonders vom Tourismus abhängig« (Stand: 21.04.2020). https://www.capital.de/wirtschaft-politik/diese-laender-sind-besonders-vom-tourismus-abhaengig. [27.05.2020].

43 M. Burzinski: »Studie – Welche Urlaubsart halten die Deutschen für trendy?« (Stand: 14.09.2017). https://www.destinet.de/meldungen/menschen-management/statistik-benchmarks/5519-studie-welche-urlaubsart-halten-die-deutschen-für-trendy. [27.05.2020].

44 Wolfgang Strasdas; Hartmut Rein (2017): Nachhaltiger Tourismus – Einführung, UTB GmbH, April 2017.

45 Statista GmbH (2019): »Anzahl der europäischen Passagiere auf Kreuzfahrtschiffen in den Jahren 2017 und 2018 nach Herkunftsländern« (Stand: 2019). https://de.statista.com/statistik/daten/studie/28815/umfrage/europaeische-passagiere-auf-kreuzfahrtschiffen-nach-herkunftsland. [10.03.2020].

46 Bund für Umwelt und Naturschutz Deutschland e. V. (BUND). »Die wahren Kosten des Fliegens. Klimakiller Luftverkehr«. https://www.bund.net/themen/mobilitaet/infrastruktur/luftverkehr/co2-emissionen. [09.03.2020].

47 Umweltbundesamt; WWF: »Treibhausgas-Emissionen pro Person und Reise« (Stand: 2009). https://www.umweltbundesamt.de/bild/treibhausgas-emissionen-pro-person-reise. [11.03.2020].

48 WWF Deutschland: »Umweltverschmutzung durch Tourismus? Lieber nachhaltig reisen! | WWF Deutschland«. YouTube, 28.07.2016. https://www.youtube.com/watch?v=hrtvGoiOTHY. [10.03.2020].

# Anmerkungen


49 Statista GmbH: »Overtourism« (Stand: 2019). https://de.statista.com/statistik/studie/id/67364/dokument/overtourism. [10.03.2020].

50 Statista GmbH: »Overtourism« (Stand: 2019). https://de.statista.com/statistik/studie/id/67364/dokument/overtourism. [10.03.2020].

51 Statista GmbH: »Weltweiter Umsatz mit Passagieren im Flugverkehr von 2004 bis 2020« (Stand: Dezember 2019). https://de.statista.com/statistik/daten/studie/4366/umfrage/weltweiter-umsatz-mit-passagieren-im-flugverkehr. [10.03.2020].

52 Bundesverband der Deutschen Tourismuswirtschaft (BTW) e. V.: »Zahlen, Daten, Fakten«. https://www.die-tourismuswirtschaft.de/was-wir-leisten/zahlen-und-fakten/. [12.05.2020].

53 Statista GmbH: »Weltweite Tourismuseinnahmen von 2000 bis 2018« (Stand: August 2019). https://de.statista.com/statistik/daten/studie/187764/umfrage/weltweite-einnahmen-im-tourismus-seit-2000. [10.03.2020].

54 Südwestrundfunk; SWR: »Kreuzfahrtschiff, Flieger oder Auto – wie viel darf ich reisen? | Odysso – Wissen im SWR«. 09.05.2019, https://www.swr.de/wissen/odysso/aexavarticle-swr-77776.html. [14.05.2020].

55 Anne Sailer; Mitteldeutscher Rundfunk (MDR): »Studie belegt: Fernurlaub ist ein Klimakiller«. https://www.mdr.de/wissen/mensch-alltag/urlaub-als-umweltsuende100.html. [11.03.2020].

56 fair unterwegs – arbeitskreis tourismus & entwicklung: »All-Inclusive«. https://www.fairunterwegs.org/hintergrund/trends/all-inclusive. [11.03.2020].

57 Westdeutscher Rundfunk Köln (2019): »So schlecht sind Schneekanonen für die Umwelt« (Stand: 21.03.2019). https://www.quarks.de/umwelt/so-schlecht-sind-schneekanonen-fuer-die-umwelt/. [10.03.2020].

58 TheSimpleClub GmbH (2017): »Destinationslebenszyklus von Butler – Tourismus 1«. YouTube, 19.02.2017. https://www.youtube.com/watch?v=QBe2gblgBwl. [10.03.2020].

59 PETA Deutschland e. V.: »Vegan reisen: Die Top 10 Urlaubsländer für Veganer«. https://www.peta.de/vegan-reisen-urlaubslaender. [10.03.2020].

60 Korinna Kurze; DER SPIEGEL GmbH & Co. KG: »Trip – Warum Einheimische unter zu vielen Touristen leiden – und was du tun kannst« (Stand: 02.04.2019). https://www.bento.de/trip/overtourism-wenn-touristen-massen-ganze-staedte-kaputt-machen-a-00000000-0003-0001-0000-000002592759. [11.03.2020].

61 Charlott Tornow; »Mit Vergnügen GmbH: Venedig und der Tourismus – Wie die Stadt langsam zum Disneyland wird«. https://reisevergnuegen.com/venedig-tourismus. [11.03.2020].

62 Editorial Paneurope, S. L.: »Fast 30 Millionen Passagiere 2019 auf dem Flughafen Mallorca« (Stand: 13.01.2020). https://www.mallorcazeitung.es/lokales/2020/01/13/fast-30-millionen-passagiere-flughafen/73617.html. [11.03.2020].

63 Cafébabel/Babel International: »Massentourismus auf Mallorca: Probleme im Paradies« (Stand: 20.11.2017). https://cafebabel.com/de/article/massentourismus-auf-mallorca-probleme-im-paradies-5ae00bf8f723b35a145e81d0/. [11.03.2020].

64 Hans-Peter Siebenhaar; Handelsblatt (2019): »James Bond lockt auf den Gletscher« (Stand: 27.11.2017). https://www.handelsblatt.com/arts_und_style/lifestyle/007-erlebniswelt-in-soelden-weniger-wintertourismus-mehr-erlebnistourismus/20635844-2.html. [11.03.2020].

65 Anna Gürteler (2015): »Entwicklung und Folgen das Massentourismus in den Alpen am Beispiel Sölden« (Stand: 02.06.2015). https://prezi.com/6vvpbbekfcuf/entwicklung-und-folgen-das-massentourismus-in-den-alpen-am-beispiel-solden. [11.03.2020].

66 Patrick Woessner: »Massentourismus Angkor Wat: So überlaufen sind die Tempel wirklich« (Stand: 28.03.2016). https://tripangkor.de/angkor-wat/massentourismus-angkor-wat. [11.03.2020].

67 AXEL SPRINGER SE (2019): »Luxus-Pools stürzen Bali in eine Wasserkrise« (Stand: 05.12.2019). https://www.bild.de/news/ausland/news-ausland/bali-luxus-pools-stuerzen-die-indonesische-insel-in-eine-wasserkrise-66484690.bild.html. [11.03.2020].

68 Felix Dunkel; RESET gemeinnützige Stiftungs-GmbH (2017): »reBubble: Alte Hotelseife neu verwertet« (Stand: 03.01.2017). https://reset.org/blog/rebubble-alte-hotelseife-neu-verwertet-01152019. [10.03.2020].

69 Frank Herrmann (2018): FAIRreisen. Oekom-Verlag, 2018, S. 256.

70 fairkehr GmbH: »Anderswo – Wer wir sind und was wir wollen« (Stand: 03.01.2017). https://www.wirsindanderswo.de/ueber-uns. [10.03.2020].

71 Forum anders reisen e. V.: »Philosophie«, abrufbar unter https://forumandersreisen.de/ueber-uns/philosophie. [10.03.2020].

72 fair unterwegs – arbeitskreis tourismus & entwicklung: »Auswahlverfahren- Welche Labels wurden für diesen Wegweiser ausgewählt?«. https://www.fairunterwegs.org/vor-der-reise/labelfuehrer/auswahlverfahren/. [11.03.2020].

73 Die VERBRAUCHER INITIATIVE e. V. (Bundesverband): »Blaue Schwalbe«, abrufbar unter https://label-online.de/label/blaue-schwalbe. [10.03.2020].

74 fair unterwegs – arbeitskreis tourismus & entwicklung: »Labelführer – Orientierungshilfe im touristischen Labeldschungel«. https://www.fairunterwegs.org/vor-der-reise/labelfuehrer. [11.03.2020].

75 Frank Herrmann (2018): FAIRreisen. Oekom-Verlag, 2018, S. 210.

76 fair unterwegs – arbeitskreis tourismus & entwicklung: »Labelführer – Orientierungshilfe im touristischen Labeldschungel«. https://www.fairunterwegs.org/vor-der-reise/labelfuehrer. [11.03.2020].

77 Frank Herrmann (2018): FAIRreisen. Oekom-Verlag, 2018, S. 208.

78 fair unterwegs - arbeitskreis tourismus & entwicklung: »Labelführer - Orientierungshilfe im touristischen Labeldschungel«. https://www.fairunterwegs.org/vor-der-reise/labelfuehrer. [11.03.2020].
79 fair unterwegs - arbeitskreis tourismus & entwicklung: »Labelführer - Orientierungshilfe im touristischen Labeldschungel«. https://www.fairunterwegs.org/vor-der-reise/labelfuehrer. [11.03.2020].
80 Frank Herrmann (2018): FAIRreisen. Oekom-Verlag, 2018, S. 207.
81 Südwestrundfunk; SWR: »Kreuzfahrtschiff, Flieger oder Auto - wie viel darf ich reisen? | Odysso - Wissen im SWR«. 09.05.2019, https://www.swr.de/wissen/odysso/aexavarticle-swr-77776.html. [14.05.2020].
82 Stephan Georg; »Luftlinie.org: Entfernung New York - Berlin«, abrufbar unter https://www.luftlinie.org/New-York/Berlin. [10.03.2020].
83 Stefan Heimann; co2online gemeinnützige Beratungsgesellschaft mbH: »CO2-Ausstoß und Klimabilanz von Pkw; 379 kg CO2-Ausstoß bei Auto mit Verbrennungsmotor« (Stand: 21.05.2019). https://www.co2online.de/klima-schuetzen/mobilitaet/auto-co2-ausstoss. [11.03.2020].
84 atmosfair gGmbH: atmosfair »Flug-Emissionsrechner - Dokumentation der Methode und Daten« (Stand: September 2016). https://www.atmosfair.de/wp-content/uploads/flug-emissionsrechner-dokumentation-berechnungsmethode-1.pdf. [10.03.2020].
85 Bund für Umwelt und Naturschutz Deutschland e. V. (BUND): »Die wahren Kosten des Fliegens: Klimakiller Luftverkehr«. https://www.bund.net/themen/mobilitaet/infrastruktur/luftverkehr/co2-emissionen. [10.03.2020].
86 Südwestrundfunk; SWR: »Kreuzfahrtschiff, Flieger oder Auto - wie viel darf ich reisen? | Odysso - Wissen im SWR«. 09.05.2019, https://www.swr.de/wissen/odysso/aexavarticle-swr-77776.html. [14.05.2020].
87 Südwestrundfunk; SWR: »Kreuzfahrtschiff, Flieger oder Auto - wie viel darf ich reisen? | Odysso - Wissen im SWR«. 09.05.2019, https://www.swr.de/wissen/odysso/aexavarticle-swr-77776.html. [14.05.2020].
88 Statista GmbH: »Anteil pünktlicher Züge der Deutschen Bahn im Personenverkehr von April 2018 bis April 2020 « (Stand: Mai 2020). https://de.statista.com/statistik/daten/studie/202122/umfrage/puenktlichkeit-der-zuege-der-deutschen-bahn. [10.03.2020].
89 Deutsche Bahn AG: »Mit Ökostrom ans Reiseziel«, abrufbar unter https://gruen.deutschebahn.com/de/massnahmen/ice. [11.03.2020].
90 Ströer Digital Publishing GmbH: »Vor der Reise: So machen Sie Ihr Zuhause urlaubsfit« (Stand: 09.07.2018). https://www.t-online.de/heim-garten/wohnen/id_47320842/urlaub-haus-und-wohnung-vor-den-ferien-urlaubsfit-machen.html. [10.03.2020].
91 Ecosia GmbH: »50! Millionen! Bäume! Und wie sie die Welt verändert haben« (Stand: 13.02.2019). https://de.blog.ecosia.org/50-millionen-baume. [10.03.2020].
92 WWF Schweiz: »Schweizer bleiben am Boden fürs Klima« (Stand: 17.06.2019). https://www.wwf.ch/de/medien/schweizer-bleiben-am-boden-fuers-klima. [10.03.2020].
93 U. Nabert: »Langsam reisen für die Umwelt« (Stand: 17.02.2020). https://www.norderlesen.de/Leben/Langsam-reisen-fuer-die-Umwelt-24913.html. [27.05.2020].
94 PETA Deutschland e. V. (2019): »Urlaub mit Hund, Katze & Co. - 7 wichtige Tipps für tierische Ferien« (Stand: Juli 2019). https://www.peta.de/urlaub-mit-hund-katze. [10.03.2020].
95 Stephanie Oppitz GmbH (2017): »Stoffwindeln im Sommerurlaub - 10 Tipps für entspanntes Wickeln auf Reisen« (Stand: 08.06.2017). https://www.windel-manufaktur.com/de/blog/stoffwindeln-im-sommer-urlaub-10-tipps-fuer-entspanntes-wickeln-auf-reisen. [10.03.2020].
96 New York Times (2011): »LifeStraw Saves Those Without Access to Clean Drinking Water« (Stand: 26.09.2011). https://www.nytimes.com/2011/09/27/health/27straw.html. [10.03.2020].
97 Statista GmbH: »Overtourism« (Stand: 2019). https://de.statista.com/statistik/studie/id/67364/dokument/overtourism. [10.03.2020].
98 Bundesverband der Deutschen Tourismuswirtschaft e. V. (BTW): »Zahlen, Daten und Fakten«, https://www.die-tourismuswirtschaft.de/was-wir-leisten/zahlen-und-fakten. [10.03.2020].
99 Statista GmbH: »Nachhaltiges Reisen« (Stand: 2020). https://de.statista.com/statistik/studie/id/44133/dokument/nachhaltiges-reisen. [10.03.2020].
100 Statista GmbH: »Nachhaltiges Reisen« (Stand: 2020). https://de.statista.com/statistik/studie/id/44133/dokument/nachhaltiges-reisen. [10.03.2020].
101 Statista GmbH: »Overtourism« (Stand: 2019). https://de.statista.com/statistik/studie/id/67364/dokument/overtourism. [10.03.2020].
102 Ines Eisele; Deutsche Welle: »Die Schattenseiten des Tourismus« (Stand: 20.08.2018), https://www.dw.com/de/die-schattenseiten-des-tourismus/a-45143568. [10.03.2020].
103 Statista GmbH: »Anteil der Reisenden, die im Urlaub Souvenirs kaufen, nach Herkunftsland im Jahr 2017« (Stand: August 2017). https://de.statista.com/statistik/daten/studie/742932/umfrage/kaufbereitschaft-von-souvenirs-europaeischer-urlauber. [10.03.2020].
104 Umweltbundesamt (2017): »Verstecktes Wasser« (Stand: 22.03.2017). https://www.umweltbundesamt.de/themen/verstecktes-wasser. [10.03.2020].
105 Westdeutscher Rundfunk Köln (2018): »Darum ist Butter fürs Klima schädlicher als Rindfleisch« (Stand: 24.10.2018). https://www.quarks.de/umwelt/landwirtschaft/darum-ist-butter-fuers-klima-schaedlicher-als-rindfleisch/. [10.03.2020].

106 Umweltbundesamt: »Die Treibhausgase« (Stand: 06.06.2019). https://www.umweltbundesamt.de/themen/klima-energie/klimaschutz-energiepolitik-in-deutschland/treibhausgas-emissionen/die-treibhausgase. [10.03.2020].
107 Umweltbundesamt: »Lachgas und Methan« (Stand: 19.06.2019). https://www.umweltbundesamt.de/themen/boden-landwirtschaft/umweltbelastungen-der-landwirtschaft/lachgas-methan. [10.03.2020].
108 Statista GmbH: »Rinderbestand weltweit in den Jahren 1990 bis 2020 (in Millionen Tieren)« (Stand: Oktober 2019). https://de.statista.com/statistik/daten/studie/28931/umfrage/weltweiter-rinderbestand-seit-1990. [10.03.2020].
109 WWF Deutschland: »Überfischung: Bald drohen uns leere Meere« (Stand: 17.09.2018). https://www.wwf.de/themen-projekte/meere-kuesten/fischerei/ueberfischung. [10.03.2020].
110 Österreichischer Automobil-, Motorrad- und Touringclub (ÖAMTC): »Vorsicht bei Urlaubssouvenirs - hohe Strafen drohen«. https://www.oeamtc.at/thema/reiseplanung/vorsicht-bei-urlaubssouvenirs-16186438. [10.03.2020].
111 DER SPIEGEL GmbH & Co. KG: »Tierquälerei im Ausland: Diese ›Attraktionen‹ sollte man als Tourist auf Reisen meiden« (Stand: 31.07.2018). https://www.bento.de/trip/tierquaelerei-im-ausland-diese-attraktionen-sollte-man-als-tourist-auf-reisen-meide n-a-00000000-0003-0001-0000-000002678117. [10.03.2020].
112 UNIQ GmbH: »Tiger Zoos & Tiger Tempel in Thailand - Müssen Selfies mit Tigern wirklich sein?« (Stand: 2019). https://www.urlaubsguru.de/reisemagazin/tiger-zoos-tiger-tempel-thailand/. [10.03.2020].
113 PETA Deutschland e. V. (2019): »Tieren im Urlaub im Ausland helfen: 6 Dinge, die jeder tun kann« (Stand: Juli 2019). https://www.peta.de/tieren-helfen-ausland-urlaub. [10.03.2020].
114 Statista GmbH: »Durchschnittliche Dauer der Urlaube von deutschen Reisenden von 1997 bis 2019« (Stand: Februar 2020). https://de.statista.com/statistik/daten/studie/246124/umfrage/durschnittliche-reisedauer-deutscher-urlauber. [10.03.2020].
115 Statista GmbH: »Nachhaltiges Reisen« (Stand: 2020). https://de.statista.com/statistik/studie/id/44133/dokument/nachhaltiges-reisen. [10.03.2020].
116 Statista GmbH: »Nachhaltiges Reisen« (Stand: 2020). https://de.statista.com/statistik/studie/id/44133/dokument/nachhaltiges-reisen. [10.03.2020].
117 WWF Deutschland: »Umweltverschmutzung durch Tourismus? Lieber nachhaltig reisen! | WWF Deutschland«. YouTube, 28.07.2016, https://www.youtube.com/watch?v=hrtvGoiOTHY. [10.03.2020].
118 WWF Deutschland: »Nachhaltigkeit im Tourismus - Ihr Urlaub und der Klimawandel« (Stand: 08.12.2016). https://www.wwf.de/aktiv-werden/tipps-fuer-den-alltag/umweltvertraeglich-reisen/tourismus-und-klimawandel. [10.03.2020].
119 Verlag Der Tagesspiegel GmbH (2019): »Kreuzfahrt und Umweltschutz - Ehrlich fährt am längsten« (Stand: 07.01.2019). https://www.tagesspiegel.de/kultur/kreuzfahrt-und-umweltschutz-ehrlich-faehrt-am-laengsten/23834878.html. [11.03.2020].
120 atmosfair gGmbH: »Flugreisen und das persönliche Klimabudget«. https://www.atmosfair.de/de/gruenreisen/persoenliches_klimabudget. [10.03.2020].
121 Statista GmbH: »Pro-Kopf-$CO_2$-Emissionen nach ausgewählten Ländern weltweit im Jahr 2017« (Stand: Oktober 2019). https://de.statista.com/statistik/daten/studie/167877/umfrage/co-emissionen-nach-laendern-je-einwohner. [10.03.2020].
122 Bündnis 90/Die Grünen: »Recycling - Deutschland ist nicht Recyclingweltmeister« (Stand: 18.01.2019). https://www.gruene-bundestag.de/themen/umwelt/deutschland-ist-nicht-recyclingweltmeister. [07.05.2020].
123 e-politik.de: »WissensWerte: Tourismus und Nachhaltigkeit«. YouTube, 06.01.2015, https://www.youtube.com/watch?v=BYSkBldIQrY. [10.03.2020].
124 WWF Deutschland: »Nachhaltigkeit im Tourismus - Ihr Urlaub und der Klimawandel« (Stand: 08.12.2016). https://www.wwf.de/aktiv-werden/tipps-fuer-den-alltag/umweltvertraeglich-reisen/tourismus-und-klimawandel. [10.03.2020].
125 Brot für die Welt; Tourism Watch: »Eine Bewertung der Ressourcennutzung des Tourismus - Szenarien einer nicht nachhaltigen Zukunft« (Stand: 18.09.2015). https://www.tourism-watch.de/de/schwerpunkt/eine-bewertung-der-ressourcennutzung-des-tourismus. [11.03.2020].
126 Brot für die Welt; Tourism Watch: »Eine Bewertung der Ressourcennutzung des Tourismus - Szenarien einer nicht nachhaltigen Zukunft« (Stand: 18.09.2015). https://www.tourism-watch.de/de/schwerpunkt/eine-bewertung-der-ressourcennutzung-des-tourismus. [11.03.2020].
127 Brot für die Welt; Tourism Watch: »Eine Bewertung der Ressourcennutzung des Tourismus - Szenarien einer nicht nachhaltigen Zukunft« (Stand: 18.09.2015). https://www.tourism-watch.de/de/schwerpunkt/eine-bewertung-der-ressourcennutzung-des-tourismus. [11.03.2020].
128 Bundesministerium für Umwelt, Naturschutz und nukleare Sicherheit (BMU, 2019): »Nachfrage für Nachhaltigkeit im Tourismus im Rahmen der Reiseanalyse 2019«, abrufbar unter https://www.bmu.de/themen/forschung-foerderung/forschung/forschungs-und-entwicklungsberichte/details/nachfrage-fuer-nachhaltigkeit-im-tourismus-im-rahmen-der-reiseanalyse-2019. [10.03.2020].